Soziologie in pädagogischen Kontexten

Thomas Brüsemeister

Soziologie in pädagogischen Kontexten

Handeln und Akteure

Prof. Dr. Thomas Brüsemeister
Justus-Liebig-Universität Gießen, Deutschland

ISBN 978-3-531-18441-8 ISBN 978-3-531-19052-5 (eBook)
DOI 10.1007/978-3-531-19052-5

Die Deutsche Nationalbibliothek verzeichnet diese Publikation in der Deutschen Nationalbibliografie; detaillierte bibliografische Daten sind im Internet über http://dnb.d-nb.de abrufbar.

Springer VS
© Springer Fachmedien Wiesbaden 2013
Das Werk einschließlich aller seiner Teile ist urheberrechtlich geschützt. Jede Verwertung, die nicht ausdrücklich vom Urheberrechtsgesetz zugelassen ist, bedarf der vorherigen Zustimmung des Verlags. Das gilt insbesondere für Vervielfältigungen, Bearbeitungen, Übersetzungen, Mikroverfilmungen und die Einspeicherung und Verarbeitung in elektronischen Systemen.

Die Wiedergabe von Gebrauchsnamen, Handelsnamen, Warenbezeichnungen usw. in diesem Werk berechtigt auch ohne besondere Kennzeichnung nicht zu der Annahme, dass solche Namen im Sinne der Warenzeichen- und Markenschutz-Gesetzgebung als frei zu betrachten wären und daher von jedermann benutzt werden dürften.

Gedruckt auf säurefreiem und chlorfrei gebleichtem Papier

Springer VS ist eine Marke von Springer DE. Springer DE ist Teil der Fachverlagsgruppe Springer Science+Business Media.
www.springer-vs.de

Inhaltsverzeichnis

1. **Einleitung: Zum Konzept des Buches –**
   Soziologie in pädagogischen Kontexten 7

2. **Mead: Mikrologisches Handeln** 13
   2.1 Zur Sozialisationstheorie von Georg H. Mead 14
   2.2 Fazit zu Mead 24
   2.3 Beobachtungen der StudentInnen zu Mead 25
   2.4 Kommentare zu den Beobachtungen der StudentInnen 27
   2.5 Wie wird Mead weiter verwendet? 28
   2.6 Literatur 33

3. **Goffman: Handeln in Interaktionsordnungen** 35
   3.1 Goffman und der Symbolische Interaktionismus 36
   3.2 Soziale Ordnung 38
   3.3 Territorien des Selbst 39
   3.4 Fazit zu Goffman 51
   3.5 Beobachtungen der StudentInnen zu Goffman 51
   3.6 Kommentare zu den Beobachtungen der StudentInnen 54
   3.7 Wie wird Goffman weiter verwendet? 54
   3.8 Literatur 55

4. **Honneth: Missachtungen/Schimank: Identitätsbehauptung** 57
   4.1 Honneth: Missachtungen 57
   4.2 Schimank: Identitätsbehauptung 67
   4.3 Fazit zum Identitätsbehaupter 72
   4.4 Beobachtungen der StudentInnen zum Identitätsbehaupter 73
   4.5 Kommentare der Beobachtungen der StudentInnen 76
   4.6 Wie wird das Konzept des „Identitätsbehaupters" weiter verwendet? 78
   4.7 Literatur 79

5. **Garfinkel: Handeln in hergestellten Ordnungen** 81
   5.1 Was ist Ethnomethodologie? 81
   5.2 Fazit zu Garfinkel 94
   5.3 Beobachtungen der StudentInnen zu Garfinkel 96
   5.4 Kommentare zu den Beobachtungen der StudentInnen 99
   5.5 Wie wird die Ethnomethodologie weiter verwendet? 102

5.6	Literatur	102
6.	**Schimank: Homo Oeconomicus**	**105**
6.1	Handeln in Interdependenz	105
6.2	Fazit zum Homo Oeconomicus	119
6.3	Beobachtungen der StudentInnen zum Homo Oeconomicus	120
6.4	Kommentare zu den Beobachtungen der StudentInnen	122
6.5	Wie wird der Homo Oeconomicus weiter verwendet?	123
6.6	Literatur	126
7.	**Bourdieu: Habituelles Handeln**	**127**
7.1	Zur Gesellschaftstheorie	128
7.2	Habitus	130
7.3	Fazit zu Bourdieu	144
7.4	Beobachtungen der StudentInnen zu Bourdieu	145
7.5	Kommentare zu den Beobachtungen der StudentInnen	149
7.6	Wie wird Bourdieu weiter verwendet?	150
7.7	Literatur	150
8.	**Zusammenfassung**	**153**

1 Einleitung: Zum Konzept des Buches – Soziologie in pädagogischen Kontexten

In allen pädagogischen Studiengängen ist das Verstehen und Reflektieren soziologischer Texte ein Bestandteil der Ausbildung. Die Komplexität der Theorien konfrontiert Studierende mit dem Problem, Soziologie in dieser Form nicht verstehen und die Kernaussagen nicht nachvollziehen zu können. Das Lehrbuch setzt genau an diesem Punkt an, indem die Möglichkeiten und Schwierigkeiten im Umgang mit Soziologie selbst thematisiert werden.

Im Anschluss an die komprimierte Darstellung der jeweils wichtigsten Handlungstheorien wird dokumentiert, welche Verständnismöglichkeiten und -probleme in einer tatsächlichen Seminarsituation aufgetaucht sind. Exemplarische Textstellen und Probleme in der Diskussion der Theorien werden auf diese Weise markiert und erläutert. Damit wird mehr Verstehen von Soziologie möglich.

Dem Buch liegen Vorlesungen und Seminare zur Soziologie für StudentInnen des Lehramts (1. bis 4. Semester in ihren Hauptfächern) zugrunde, die sich mit folgenden soziologischen Handlungs- und Akteurtheorien beschäftigten:

> **Kasten 1 ▶ Übersicht zu den Theorien**
>
> Kap. 2: Mead liefert gleichsam *grundlagentheoretische* Konzepte zum Handeln von Akteuren, indem er Handeln und die Vorbereitung von Handlungen, wie sie im Zuge von Aufmerksamkeiten organisiert werden, *mikrosoziologisch* beobachtet. Mead zeigt, wie die Aufmerksamkeit sozial, d.h. von einem Akteur in Interaktion mit anderen, beeinflusst und organisiert wird.
>
> Kap. 3, 5: Des Weiteren werden im Buch „prominente" Handlungstheorien wie die von Goffman und Garfinkel angesprochen, die zum Symbolischen Interaktionismus und zum Homo Sociologicus gerechnet werden. Hervorgehoben werden die Territorien des Selbst nach Goffman, um Interaktionsordnungen zu kennzeichnen. Für die Charakterisierung von Garfinkel stehen das Handeln in hergestellten Ordnungen und Vollzugswirklichkeiten im Vordergrund.

Kap. 4 schließt unmittelbar an ein Thema an, das auch von Goffman behandelt wird, nämlich die Identitätsbehauptung. Um zu zeigen, mit welchen herausfordernden (teilweise bedrohlichen) Situationen Akteure in der Moderne rechnen müssen, beginnt das Kapitel mit Abschnitt 4.1 zuerst mit Überlegungen von Axel Honneth zu Missachtungen. Diese Überlegungen sind kein Akteur- oder Handlungsmodell, erlauben aber ein besseres Verständnis (so hoffe ich), wenn dann in Abschnitt 4.2 Handlungsweisen eines „Identitätsbehaupters" nach Uwe Schimank vorgestellt werden. Der Abschnitt zu Missachtungen sensibilisiert für Situationen, auf die dann ein Identitätsbehaupter reagiert. Das Modell des Identitätsbehaupters wird nach den Ausführungen von Uwe Schimank vorgestellt. Es ist ihm zufolge kein ausgearbeitetes Akteurmodell, hat jedoch genügend Konturen, um es abgegrenzt darlegen zu können.

Kap. 6: Sodann findet sich eine Handlungstheorie, die aus der „ökonomischen" Richtung argumentiert und Nutzenüberlegungen eines Akteurs nachgeht (Homo Oeconomicus). Vorgestellt wird ein soziologisierter Homo Oeconomicus, wiederum in Anlehnung an Uwe Schimank. Mit dem Begriff der Interdependenz werden die sozialen Abhängigkeiten dieses Akteurs besonders hervorgehoben.

Kap. 7 beendet den „Reigen" der Handlungs- und Akteurtheorien mit dem Modell des Habitus von Bourdieu. Das Modell ist der maximale Kontrast zum Homo Oeconomicus und der Vorstellung, ein Akteur suche sich seine Handlung selber „rational" aus; im Habitus sind es vielmehr vereinfacht gesagt die vom Akteur einverleibten Umstände, die dies tun.

Diese sechs Ansätze
- Mead: Mikrologisches Handeln
- Goffman: Handeln in Interaktionsordnungen
- Schimank: Identitätsbehaupter
- Garfinkel: Handeln in hergestellten Ordnungen
- Schimank: Homo Oeconomicus
- Bourdieu: Habituelles Handeln

bieten verschiedene Modelle dafür an, wie das einzelne Handeln aus Sicht der Soziologie erklärt wird.

| Kasten 2 ▶ | Zwei Erklärungsprobleme der Soziologie |

Nach Uwe Schimank (2010, insbesondere 26f.) lässt sich die Soziologie so untergliedern, dass sie sich mit zwei Problemen beschäftigt:

1) Das erste Problem ist zu erklären, wie ein Akteur eine Handlung wählt, bzw. mit welcher Art von Handlung man einen einzelnen Akteur, der gehandelt hat, charakterisiert. Ein Akteur kann dabei ein Einzelner sein oder eine Gruppe oder eine Organisation (a.a.O., 45).
Wenn z.B. eine neu gewählte grüne Regierung ihr fortschrittliches Bildungsprogramm konstruiert, was sind die Motive, was sind die Gründe dafür? Sind es nach Bourdieu habituelle Gründe: weil die Grünen einfach lange Zeit geübt haben, fortschrittlich zu sein? Oder werden sie in einer Interaktionsordnung nach Goffman zu der Entscheidung geführt, in der die hohen Erwartungen, die die Akteure untereinander haben, ausschlaggebend sind? Oder stehen gar Nutzenkalküle nach einem Homo Oeconomicus dahinter?
Ähnliche Fragen lassen sich an die Bildungsentscheidungen einer Mutter stellen, die ihr Kind in den Kindergarten schickt, oder an die Entscheidung einer Person, zu studieren oder an einer Gruppenarbeit in meinem Seminar mitzuarbeiten: Die Soziologie interessiert, wie diese Entscheidung zustande kommt, mit welchem Handlungs- oder Akteurmodell man die Wahl dieser Handlung charakterisieren kann.

2) Das zweite Erklärungsproblem der Soziologie ist, wie sich die Handlungswahlen von mehreren Akteuren zu einer Struktur verdichten. Das Handeln eines Akteurs hat im Zusammenwirken mit dem Handeln anderer Akteure strukturelle Wirkungen (die dann wiederum das Handeln der Einzelnen beeinflussen). SoziologInnen haben sich mit diesem zweiten Erklärungsproblem weniger beschäftigt. Diese strukturellen Wirkungen lassen sich z.B. als Konstellationen beschreiben, einschließlich ihrer unterschiedlichen „Dichte" und ihrer inneren Dynamiken. In Konstellationen der wechselseitigen Beobachtungen ist die Intensität dieser Dynamiken nicht so hoch; in Konstellationen der Beeinflussung versuchen sich die Akteure durch den Einsatz von Macht, Liebe, professionellen Argumenten – und vielen anderen Dingen mehr – zu etwas zu bewegen; und in Verhandlungskonstellationen tun sie dies mittels bestimmter organisierter Verfahren.
Um zu erklären, welche Strukturen sich aus dem handelnden Zusammenwirken von mehreren Akteuren ergeben, untersuchen ForscherInnen zwar auch die unter 1) genannte Handlungswahl, unternehmen dann jedoch

> weitere Analyseschritte, die dann auf Strukturen, auf Konstellationen des handelnden Zusammenwirkens gerichtet sind.

Im vorliegenden Buch wird nur das erste Erklärungsproblem der Soziologie berührt. Es werden verschiedene soziologische Handlungs- und Akteurtheorien vorgestellt. Dies folgt einem Verständnis, dass die Soziologie verschiedene Theorien erarbeitet hat, die gleich einem „Werkzeugkasten" (vgl. Schimank 2010) für die StudentInnen bereitliegen und von ihnen im Studium unter Verwendung von Beispielen erprobt und angewendet werden sollten. Das vorliegende Buch legt das Schwergewicht auf solche Anwendungen.

Mit einer jeweiligen soziologischen „Theoriebrille" zu arbeiten, beinhaltet die Aufgabe für die StudentInnen, sich über zentrale Begriffe klar zu werden und mit ihnen dann gleich bestimmte soziale Phänomene zu beobachten, zu interpretieren, zu deuten. Dabei werden in den Kapiteln immer dort, wo es angebracht ist, auch Bezüge insbesondere zur qualitativen Sozialforschung hergestellt. Trotzdem nur eine Auswahl an soziologischen Handlungs- und Akteurtheorien vorgestellt werden kann, ist diese bezüglich der damit verbundenen Aufforderung, die Theorieausschnitte auch sogleich anzuwenden und zu üben, vielleicht anspruchsvoller, als es den Anschein haben mag.

Es konnte nur eine pragmatische Auswahl von Theorieausschnitten dargelegt werden, pragmatisch deshalb, weil sie auf Erfahrungen basiert, dass StudentInnen mit den Theorieausschnitten gut arbeiten konnten – und Lust auf Soziologie bekamen.[1] Obwohl die hier vorgestellten Theorie-Ausschnitte in der Soziologie in unterschiedlicher Intensität verwendet werden und auch keineswegs alle gleich gut ausgearbeitet sind, sind sie keine „nebensächlichen" Aspekte in der Soziologie. Das Buch verfolgt das Ziel, den StudentInnen ein Spektrum unterschiedlicher soziologischer „Theoriebrillen" und Eigenarten jeder Theoriebrille zu verdeutlichen, hier fokussiert auf das Thema Handeln und Akteure.

Hierbei gibt es teilweise erhebliche Kämpfe zwischen den Theorien um Deutungshoheit; z.B. beansprucht ein Teil der SoziologInnen, die mit dem Homo Oeconomicus arbeiten, nur dieses Modell sei ausreichend für die Erklärung von Handeln. Wiederum andere SoziologInnen nehmen einen Teil der anderen Handlung- und Akteurtheorien gar nicht zur Kenntnis. Demgegenüber erscheint es von Vorteil, den StudentInnen überhaupt erst einmal eine Auswahl verschiedener Ansätze vorzustellen. Dass die Theorien untereinander in Kon-

---

1 In meinen Seminaren habe ich den „emotional man" nach Schimank (2010, 128ff.) noch nicht erprobt, deshalb fehlt dieses Modell hier.

kurrenzverhältnissen stehen, wird dann jeder sehen, der über eine Einführung wie die vorliegende hinaus im Studium weiter mit den Theorien arbeitet.

Zum Konzept des Buches

a) Vorstellung eines Theorie-Ausschnitts

Da in den zugrunde liegenden Veranstaltungen und auch hier im Buch das Hauptziel ist, die Anwendung der Theoriebrillen an Beispielen zu üben, ist es zuerst erforderlich, einen Ausschnitt einer Theorie vorzustellen; es kann nicht eine Theorie in ihrer ganzen Breite angewendet werden. Bei Mead z.B. ist dies das Konzept der Aufmerksamkeit, bei Goffmann die ‚Territorien des Selbst', beim Homo Oeconomicus der Begriff der Interdependenz usw. Der Theorie-Ausschnitt wird möglichst mit Beispielen aus dem Bildungsbereich erläutert. Und er ist gleichsam „ummantelt" mit Hinweisen zu der weiter gefassten Theorie eines Autors.

b) Beobachtungen studentischer Gruppen

Weiter sind Beispiele wiedergegeben, wie studentische Arbeitsgruppen von Studierenden des Lehramts einen Theorie-Ausschnitt angewendet haben. In der Regel hatten die Gruppen vier Mitglieder. Sie waren angehalten, nur eine Ergebnisseite schreiben zu dürfen. Dies erforderte, dass die Gruppen zuvor ausführlich diskutieren mussten. Die Seminarorganisation sah also kollaborative Arbeitsweisen vor. Mitunter geben wir wieder, wie die Gruppen ihre Arbeitsweisen reflektiert haben. So können LeserInnen sich Tipps von den Gruppen abschauen, wie man mit soziologischen Texten umgeht, auch wenn man allein arbeitet.

Die Antworten der Gruppen, in denen sie ihre eigenen Tipps für Arbeitsweisen beschreiben, können LeserInnen des Buches auch extra ansteuern und herausgreifen. Die Beschreibungen der Gruppen zu ihren Arbeitsweisen wurden bewusst so zusammengestellt, dass über alle Kapitel hinweg ein möglichst breites Bild entsteht und möglichst verschiedene Tipps für das Bearbeiten von Texten gegeben werden.

Eine Gruppe gibt z.B. den Tipp – worauf die Gruppe erst spät kam –, dass es sinnvoll ist, zusätzlich Hand- und Wörterbücher zur Soziologie zu nutzen, da einem auf dem Weg zum Textverständnis immer wieder soziologische Begriffe begegnen, die sich dann schnell nachschlagen lassen.

1 Einleitung: Zum Konzept des Buches – Soziologie in pädagogischen Kontexten

> **Kasten 3 ▶ Tipp für Nachschlagwerk**
>
> Hier gleich ein Tipp für ein Nachschlagwerk:
>
> Fuchs-Heinritz, Werner/ Klimke, Daniela/ Lautmann, Rüdiger/ Rammstedt, Otthein (Hg.) (2010): Lexikon zur Soziologie. Wiesbaden: VS Verlag für Sozialwissenschaften.

c) Kommentare zu den Beobachtungen der StudentInnen

Anschließend sind einige Kommentare wiedergegeben, sie greifen einen Teil dessen, was die StudentInnen beobachtet haben, auf. Die Kommentare sind nicht die aus dem geschützten Seminarzusammenhang, sondern sind für die LeserInnen dieses Buches geschrieben worden, wiederum mit dem Ziel, Tipps für die Bearbeitung soziologischer Texte zu geben.

d) Wie wird ein Theorie-Ausschnitt weiter verwendet?

Um sehen zu können, wie ein Theorie-Ausschnitt sonst noch, also über die dargestellte Anwendung hinaus, verwendet wird, folgen einige Hinweise; es sind manchmal mehrere Seiten, manchmal deutlich weniger. Diese Hinweise sind bewusst selektiv, d.h. sollen kein vollständiges Bild von der Theorie oder dem Theorie-Ausschnitt erzeugen, sondern Lust machen, weiterzulesen.

e) Literatur

Entsprechend werden auch jeweils vor dem Literaturverzeichnis *Literaturempfehlungen* gegeben, die einen kleinen Teil der Literatur als besonders lesenswert herausheben.

Mein Dank gilt den zahlreichen StudentInnen, die in meinen Veranstaltungen kreative Anwendungen der hier vorgestellten Theorien erfunden haben. Danken möchte ich besonders meinem Team: Nurcan Adigüzel, Katharina Hohmann, Flo Darmstädter, Martina Schemenau, Janina Eckhoff, Kathleen Franz: Ihr habt entscheidend an den Veranstaltungen und am vorliegenden Buch mitgearbeitet.
Besonders möchte ich Stefanie Laux danken, die mich zu dem Buch angeregt und hervorragend in allen Schritten begleitet hat.

Gießen, September 2012.

2 Mead: Mikrologisches Handeln

Abstract

Georg H. Mead (1863-1931) hat als Philosoph wesentlich zur Begründung der Soziologie mit beigetragen. Er beschäftigt sich aus philosophischen Denkmodellen heraus mit der Konstitution des Ich, in enger Verbindung zur Gesellschaft. Den Einzelnen sieht Mead durch die Übernahme gesellschaftlicher Perspektiven geprägt, die er sich selbst aufzeigen kann. Schon vor der Sprache sieht Mead Menschen durch Gestenaustausch in Kommunikation untereinander; menschliche Organismen – die er nicht unabhängig vom Denken sieht – reagieren aufeinander mittels signifikanter Symbole. Mead liefert ein prominentes Beispiel für soziologische Handlungstheorien; die Theorie beobachtet einen kleinteiligen Austausch von Ich und Umwelt; sie ist eine *mikrologische Handlungstheorie*, d.h. sie beobachtet Interaktionen in ihren Effekten bis hinein ins einzelne Bewusstsein. Wie sich Ich und Umwelt eng miteinander verschränken, wie sich der Einzelne in seiner Umwelt sozialisiert – dafür hat Mead wichtige Beobachtungen geliefert und diese grundlagentheoretisch begründet.

Definition Sozialisationstheorien

Sozialisationstheorien gehen einem Fragetyp nach[1]: Innerhalb welcher Prozesse werden Menschen zu Gesellschaftsmitgliedern? Welche Dinge eignen sie sich an und in welchen Teilbereichen der Gesellschaft geschieht dies auf welche Weise? (vgl. Vester 2009, 58) Diese Teilbereiche lassen sich nach verschiedenen *Institutionen und Organisationen* unterscheiden, d.h. die Sozialisation geschieht in Einrichtungen wie z.B. Familie, Krippe, Kindergarten, Schule, Hochschule, Weiterbildung, in der Gruppe der Gleichaltrigen, durch Nutzung von Medien usw. Weiter lassen sich *Dimensionen* der Sozialisation unterschei-

---

1 Tatsächlich verändern sich die Theorien historisch betrachtet stark. Dies wird allein daran deutlich, dass das Handbuch der Sozialisationsforschung in der 2. Auflage (Hurrelmann/ Ulich 1982) 864 Seiten hat, die 7. Auflage 476 Seiten, und fast alle Beiträge neu geschrieben wurden (vgl. Hurrelmann/Grundmann/Walper 2008).

den, nämlich kognitive, motorische und affektuale Dimensionen (a.a.O., 65). Das heißt, Menschen werden sozialisiert und sozialisieren sich selbst, indem ihr Wissen, ihre motorischen Fähigkeiten und ihre Gefühle gesellschaftlich geprägt werden.

Einige Sozialisationstheorien gehen davon aus, dass eine oder mehrere Umwelten den Einzelnen prägen. Andere Sozialisationstheorien legen mehr Wert auf Eigenaktivitäten der Einzelnen. Jedoch steckt darin eine Unveränderlichkeit von allen Sozialisationstheorien, denn diese Theorien interessiert gerade das Mischungsverhältnis zwischen beiden Aspekten:

a) Es gibt eine Umwelt, einen Kontext, eine Gesellschaft, eine Institution, eine Organisation, die jeweils als beeinflussend für die Sozialisation angesehen wird.

b) Es gibt Eigenaktivitäten der Einzelnen, die ebenfalls Wirkungen auf die Sozialisation haben. In welcher Gewichtung eine bestimmte Sozialisationstheorie diese beiden Seiten einer Medaille sieht, ist unterschiedlich.

Mead versucht, beide Seiten der Medaille gleich (!) zu behandeln. In seiner Theorie geht es darum, die Gesellschaft und das Selbst als eng miteinander verwoben zu denken. Das Bindeglied ist die „Interaktion", die gleichermaßen der Gesellschaft wie dem Einzelnen zuzurechnen ist. Entsprechend lässt sich der Ansatz „interaktionistisch" nennen. Hierbei folgt Mead philosophischen Gedankenüberlegungen.

2.1 Zur Sozialisationstheorie von Georg H. Mead

Interaktion ist eine Fähigkeit – lässt sich mit Mead denken –, die jeder Mensch qua Geburt hat. Gemäß Mead ist dies die Fähigkeit des Organismus, Druck und Widerstand zu empfinden: „Das Kind kann [...] seine Körperflächen nur durch körperfremde Dinge abgrenzen und es erfaßt die vollständigen Oberflächen von körperfremden Dingen, bevor es seinen eigenen Organismus als ein begrenztes Ding erfaßt" (Mead 1987, Bd. 2, 225). Oder, einfacher: Die Erfahrung eines Außen – da draußen ist etwas, das ich als Druck auf meine Hände spüre – ist gleichzeitig da, wie auch jemand, der dies spürt. Man könnte sagen: Es gibt eine Interaktion von einem Objekt und einem Subjekt.

Dieses Schema gilt auch für die Interaktion unter Menschen. Die Erfahrung anderer Menschen geht gleichzeitig damit einher, sich als ein Selbst zu sehen. Das Kind beobachtet, wie es und andere auf vokale Gesten ähnlich reagieren. Sein Weinen löst das Weinen eines anderen aus und umgekehrt (Mead 1988, 109, 136).

Gestenkommunikation

Zentral ist in der Konzeption von Mead das Erleben der Bedeutungsgleichheit von (vokalen) Gesten. Menschen können Bedeutungen von Gesten verstehen, ohne den Sender einer Geste fragen zu müssen, wie er die Geste gemeint hat. Wenn mir jemand durch Tippen an die Stirn einen Vogel zeigt, muss ich nicht fragen, wie die Geste gemeint war. Wenn ich jemanden frage, ob ich die rechte oder die linke Abzweigung eines Weges nehmen muss und der Gefragte nach links zeigt, weiß ich die Antwort, ohne dass etwas gesagt werden muss.

Weiter gedacht versteht Mead auch Sprache als aussagefähige Symbolwelt. Symbole sind für alle Menschen – innerhalb eines Kulturkreises – signifikant. Mead spricht von signifikanten Symbolen, die er als gesellschaftliche Symbole ansieht, als Symbole, die jeder von uns versteht und benutzt. Wichtig ist jedoch nicht zu vergessen, dass Mead neben der Sprache auch nicht-sprachliche Gesten als Teil der Symbolwelt sieht. Ja, die Sprache selbst hat nach Mead eine gegenständliche Bedeutung: da sich ein Mensch damit selber gesellschaftliche Bedeutungen aufzeigen kann.

> Mead notiert: „Ein Symbol tendiert dazu, im Individuum selbst und bei anderen Menschen eine Gruppe von Reaktionen auszulösen, doch bedeuten signifikante Symbole auch noch etwas anderes: diese Reaktion in der eigenen Identität auf ein Wort wie ‚Stuhl' oder ‚Hund' ist für den Einzelnen sowohl ein Reiz als auch eine Reaktion." (Mead 1988, 111)
> Weiter schreibt er: „Wenn wir vom Sinn unserer Tätigkeit sprechen, setzen wir selbst jene Reaktion, die wir als Reiz für unsere Handlung gerade durchzuführen beginnen. Sie wird zu einem Reiz für ein späteres Stadium der Handlung, das vom Standpunkt dieser bestimmten Reaktion aus stattfinden soll. Beim Boxer löst der Schlag, den er in Richtung auf seinen Gegner anzusetzen beginnt, eine bestimmte Reaktion aus, die die Deckung seines Gegners öffnen und ihm einen Schlag ermöglichen wird. Der Sinn ist ein Reiz für die Vorbereitung des tatsächlich geplanten Schlages. Die von ihm in sich selbst hervorgerufene Reaktion (die Schutzreaktion) ist für ihn der Reiz, die sich ergebende Blöße auszunützen." (A.a.O., 112) Mead spricht direkt anschließend davon, dass es hier um die „Übernahme der Rolle anderer" geht, „eine Tendenz, ebenso wie andere Personen zu handeln. Man nimmt an dem Prozeß teil, den die andere Person ablaufen lässt, und kontrolliert seine Handlung im Hinblick auf diese Teilnahme." (A.a.O., 113) Schließlich schreibt Mead, dass „dafür Symbole notwendig" sind, „in der Regel vokale Gesten, die im Individuum selbst die gleiche Reaktion wie in den anderen

auslösen, und zwar so, dass es vom Standpunkt dieser Reaktion aus in der Lage ist, sein späteres Verhalten zu lenken." (Ebd.)

> **KASTEN 1 ▶ Beispiel: Signifikantes Symbol in der Schule**
>
> In einer US-amerikanischen Schule bemerkt der Rektor – ein ziemlich korpulenter Mann –, er habe den besten Job der Welt. Der Rektor kennt jeden der 700 Schüler mit Namen; in der Mensa klatscht er jeden Schüler ab. Einmal im Jahr können die Kids voten, um ihn zur Halloween-Parade in ein verrücktes Kostüm zu stecken, das er dann auch tatsächlich trägt. Der Rektor setzt sich gern auf ein Holzbrett, das über einem Wasserbecken liegt, und die Schüler können mit einem Balltreffer einen Mechanismus auslösen, so dass man vom Brett ins Wasser fällt. Wenn der Rektor dies macht, stellen sich die Schüler immer in einer langen Schlange an.
> Man könnte sagen: Das Symbol steuert die Schule. Der Rektor richtet sich auf diesen Spaß ein, antizipiert, welche Bedeutung dies für die Kinder hat. Die gleiche Perspektivenverschränkung erfahren die Schüler. Beide Seiten bestätigen über das Symbol, dass sie aneinander denken – und dass es ihnen Spaß macht. Dies ist tief kulturprägend für die Schule. (Die Geschichte stammt von meiner ehemaligen Sekretärin Nicole Molitor, die in die USA ausgewandert ist. Nicole fand die Geschichte beeindruckend – ihre Kinder sind an dieser Schule.) Andere signifikante Symbole sind kaum als solche bewusst, weil sie so oft verwendet werden, etwa Stoppzeigen mit nach außen gewendeten Handflächen oder der Motorradfahrergruß mit der linken Hand oder das zustimmende Nicken, wenn wir etwas für richtig halten. Die Bedeutung von signifikanten Symbolen wird deutlich, wenn sie fehlen. So untersucht Fritz Schütze im Anschluss an Mead so genannte private De-Symbolisierungen (vgl. Kap. 2.5). Etwas wird aus der Symbolwelt herausgenommen und höher bewertet. Zum Beispiel könnte in der Symbolwelt eines Alkoholkranken eine leere Flasche ein Zeichen sein, sich hochaktiv um „Nachschub" zu kümmern, während der Alltagsmensch leere Flaschen erst mal wochenlang als Altglas im Keller liegen lässt.

Die Fähigkeit, Handlungen über die Gestenkommunikation abzustimmen, findet sich auch bei Tieren. Auch sie, die über keine Sprache verfügen, sind mit Gesten in der Lage, aufeinander zu reagieren. Mead unterscheidet jedoch zwischen der „unbewußten Übermittlung von Gesten" und deren „bewußter Kommunikation", wenn „Gesten zu Zeichen werden" (Mead 1988, 109, Anm. 7).

Für Mead ist „das Sprachsymbol [...] einfach eine signifikante oder bewußte Geste" (a.a.O., 119).

Gegenständliche Objekte sind Gesten, so wie z.T. auch die Sprache, die sich aus Gesten ausdifferenziert (vgl. Mead 1987, 229). Die Ausdifferenzierung lässt sich am Beispiel des sprachlichen Symbols „Feuer" kenntlich machen: Die Hitze, die einem Feuer innewohnt, wird jedes Kind selber einmal am eigenen Leib erfahren, ob gewollt oder ungewollt. Wenn Eltern ihre Kinder vor Hitze oder Feuer warnen, machen sie mit Gestenkommunikation und Sprache den Kindern vor, was mit ihnen passieren würde, würden sie Feuer oder Hitze zu nahe kommen: die Eltern ziehen vor einem symbolisierten „heißen" Gegenstand ihre Hand zurück, machen einen Zischlaut und ein schmerzverzerrtes Gesicht. Sozialisation bedeutet nach Mead: Das Kind kann sich solche signifikanten Gesten selber innerlich aufzeigen, wenn es sich allein einem Feuer nähert. Die Erfahrungen mit Feuer betreffen also über die Gestenkommunikation nicht nur eine Person, sondern alle: Gesten sind kollektive Erfahrungen.

Hierbei können sich auf körperliche Erfahrungen der gemeinsamen Gestenkommunikation – über „heiße" Gegenstände, um beim Beispiel zu bleiben – sprachliche Reflexionen auflagern, und hierbei lassen sich kulturelle Unterschiede denken. Zum Beispiel haben sog. Naturvölker einen engeren Bezug zu Feuer, der in ihren Mythen auftaucht – während man im Ruhrgebiet unter Feuer das Lodern der Hochöfen versteht. Bereits unterhalb der verschiedenen Sprachsymbole für Feuer – ob nun mythologische oder industrietechnische – gibt es ähnliche Erfahrungsmöglichkeiten aller, sich am Feuer die Finger zu verbrennen.

Sprache ist Mead zufolge Medium für Reflexionen sowie von ihrer Genese her, der Gestenkommunikation, mit einem gegenständlichen Charakter behaftet.[2] Der Organismus „weiß" gleichsam, was es bedeutet, sich zu verbrennen, und vielleicht tut dies der Organismus eindrücklicher, als man dies sprachlich ausdrücken kann. Ebenso „weiß" der Organismus, dass er nach rechts gehen muss, wenn jemand bei der Weggabelung auf diesen Teil des Weges zeigt. Man darf hier freilich „Organismus" nicht mit einem biologischen Körper verwechseln, sondern Mead meint damit einen sozialen Körper, der immer schon Denk- und Reflexionsfähigkeiten hat, die für die Kommunikation eingesetzt werden; der Organismus kommuniziert jedoch ebenfalls fortlaufend, ohne dies abstellen zu können.

---

2 Vgl. zur Sprach- und Gestenkonzeption: Mead 1988, 107-122; Bender 1989, 77ff.

2 Mead: Mikrologisches Handeln

> **KASTEN 2 ▶ Der Organismus kommuniziert**
>
> Damit hat sich Erving Goffman (Kap. 3) ausführlich beschäftigt: Wenn jemand im Small Talk auf einer Party den Eindruck eines interessierten Zuhörers machen will, kann er durch das Gähnen seines Organismus genau das Gegenteil ausdrücken. Die Individuen sind so fortlaufend bemüht, einen bestimmten – und keinen falschen! – Eindruck bei ihren Gegenübern zu erwecken. Letzteres passiert jedoch immer wieder, eben weil Organismen nach Mead das Kommunizieren nicht lassen können.

Mead sagt, dass Menschen schon über ihre Gestenkommunikation Bedeutungen teilen und Beziehungen haben, wobei die beteiligten intelligenten Organismen davon kein Bewusstsein haben müssen (vgl. auch Bender 1989, 80). Es gibt bereits vor der Sprache eine wechselseitige Organisation des Verhaltens über die gemeinsamen Haltungen der kommunizierenden Organismen, die bedeutsame Gesten – signifikante Symbole – austauschen.

Die gegenständliche Bedeutung der Sprache, die Mead genetisch aus der Gestenkommunikation ableitet, besitzt einen zentralen Stellenwert für die Sozialisation. Allgemein gesagt erlauben „Gesten der Gemeinschaft" (Mead 1988, 211), für die Mead den Begriff des verallgemeinerten oder generalisierten Anderen prägt (a.a.O., 194ff.), eine gesellschaftliche Organisation individueller Handlungen.

> **KASTEN 3 ▶ Definition „Der verallgemeinerte Andere"**
>
> Mead schreibt: „Die organisierte Gemeinschaft oder gesellschaftliche Gruppe, die dem Einzelnen seine einheitliche Identität gibt, kann ‚der (das) verallgemeinerte Andere' genannt werden. Die Haltung dieses verallgemeinerten Anderen ist die der ganzen Gemeinschaft." (A.a.O., 196) In anderen Worten ist das Individuum nach Mead in der Lage, die Perspektiven der Gesellschaft – als der verallgemeinerte Andere – auf sich selbst anzuwenden. Dazu führt Mead (ebd.) die Metaphorik einer Spielmannschaft an, um auszudrücken, dass jeder Einzelne alle Spielrollen aller anderen kennen muss, um seine eigene Rolle spielen zu können.

Jede Interaktion lässt sich feiner beobachten hinsichtlich der Kommunikation intelligenter Organismen. Mead spricht hier von einem Dreifelder-Schema. Organismen reagieren aufeinander innerhalb eines Dreifelder-Schemas, d.h. in einer „dreiseitigen Beziehung zwischen Geste und erstem Organismus, Geste und zweitem Organismus sowie Geste und anschließenden Phasen der jeweiligen gesellschaftlichen Handlung; diese dreiseitige Beziehung ist die Grundsubstanz von Sinn" (a.a.O., 116). Hiervon gibt Mead ein Beispiel: „Man sieht den Baum als möglichen Zufluchtsort, wenn man von einem Stier verfolgt wird" (a.a.O., 62). Hier bedingt das Ausdrucksverhalten des Fliehenden sowie das Ausdrucksverhalten des angreifenden Stieres die Organisation einer Wahrnehmung von Objekten: Der Baum wird zu einem Zufluchtsort. Hierbei ist „Bewußtsein [...] nicht unbedingt für die Präsenz des Sinnes im gesellschaftlichen Erfahrungsprozess notwendig" (a.a.O., 117).

Vielmehr müssen Bewusstseinsinhalte „dynamisch als ablaufende Prozesse in ein physiologisches System eingefügt werden" (a.a.O., 61, Anm. 14). Das physiologische System beinhaltet eine Kooperation zwischen gestisch-aktiven Organismen.

Aus der Sicht des Kindes stellt die Gestenkommunikation mit anderen Interaktionspartnern eine Nachahmung oder das „play" dar (a.a.O., 194ff.). Zugleich berücksichtigt Mead intelligente Vermögen menschlicher Organismen. Und dies bedeutet, dass zunächst nur nachgeahmte Regeln schrittweise überdacht werden. Dies bezeichnet Mead als Wechsel vom „play" zum „game" (ebd.), der mit dem Spracherwerb möglich wird. Er beinhaltet für das Kind, die im Spiel praktizierten Regeln kognitiv einzuholen, sie in allgemeiner, begrifflicher Gestalt festzuhalten. Zu der Kommunikation der Gestenträger kommt eine Kommunikation über den normativen Gehalt von sprachlich explizierten Regeln hinzu (Bender 1989, 126).

KASTEN 4 ▶   Definition Meads Konzept der Aufmerksamkeit

Mit dem Begriff der Aufmerksamkeit ist der grundlegende Sachverhalt angesprochen, dass in die Kette von Reiz und Reaktion eine Verzögerung eintritt. Nur der Mensch als „aufmerksames Wesen" (Mead 1988, 63) kann sich „Reizen zuwenden" (ebd.). Menschen können aufgrund der Sprache als generalisierte Reize in sich „aufmerksame" Haltungen der Gesellschaft aufbauen: „Wir können bestimmten Reizen eine besondere Aufmerksamkeit schenken und [...] die Handlung konstruieren, die wir im Begriff sind zu vollbringen. In einer Kette von Reaktionen führt das Tier eine Instinktreaktion aus und sieht sich dann einem anderen Reiz konfrontiert usw. Als intelligente Wesen bauen wir uns jedoch solche organisierten Reaktionen selbst auf" (a.a.O., 64). Aufmerksamkeiten erklären, dass und wie Akteure überhaupt zu Begriffen über eine gemeinsame Welt gelangen. Mead zufolge ist diese Welt nicht einfach gegeben: Begriffe von ihr werden vielmehr in problematischen Situationen konstituiert. Diese Situationen sind dabei kein Einbruch in eine Subjektivität, die schon fertig dasteht. Problematische Situationen sind vielmehr ein Reiz, diese Subjektivität schöpferisch erst herzustellen. Damit greift Mead eine wichtige sozialisationstheoretische Frage auf, nämlich die Frage nach der Motivation zu einem Lernen, ohne dabei das Lernpotenzial schon einem Subjekt oder einer sozialen Umwelt vorgängig zu überantworten.

Riskanter Handlungsvollzug, Beispiel „brennende Kerze"
Mead verdeutlicht dies am Beispiel einer brennenden Kerze, der sich ein Kind nähert (1987, 69). Gemäß der einen, bislang bewährten Hypothese des Kindes ist die „Kerze" ein sich bewegendes Objekt, das zum Spielen einlädt. Gemäß der anderen Hypothese ist das Objekt ähnlich denen, an dem sich das Kind schon einmal verbrannt hat, sodass es zurückweichen möchte. Das Kind sei sich „nicht sicher, daß das Objekt etwas ist, woran es sich verbrannt hat, und es weiß auch nicht, ob es sich bei ihm möglicherweise um ein Spielzeug handelt" (ebd.). Um herauszufinden, welche Wahrnehmung zutrifft, muss es die widerstreitenden Handlungsantriebe zueinander in Beziehung setzen. Dabei merkt es, dass seine bisherigen Wahrnehmungen „Abstraktionen" (ebd.) sind, die zuvor Handlungen ermöglichten, nun aber auf das neue Objekt nicht passen. Zugleich jedoch gilt: „Das Kind kann sich nicht sagen: ‚Ich muss lernen, mit einem heißen, leuchtenden Objekt umzugehen'" (a.a.O., 69f.), da dies schon den Begriff eines Objekts und eines Subjekts, das diesen Begriff handhabt, voraussetzen würde. Beide Seiten sind jedoch in einem Problemzustand, können nicht differenziert voneinander beobachtet werden. Eine Lösung des Problems wird nun im riskanten Handlungsvollzug erreicht:
„Da tritt die zögernde Bewegung eines Fingers in Richtung auf die Flamme auf, die beide Antriebe darstellt, den, zuzugreifen, und den, sich zurückzuziehen [...]. Diese beiden Elemente reagieren dergestalt aufeinander, dass dabei ein Handeln hervorgebracht wird, welches mit einem Objekt auf eine vollständig neue Weise umgeht und damit für das Kind ein neues Objekt entstehen lässt" (a.a.O., 69).

Nachdrücklich weist Mead darauf hin, dass in der neuen Situation die Kontrolle der Handlungsbestrebungen nicht durch den Bezug auf eine Welt objektiver Gültigkeiten gefunden werden kann, „denn die alte Welt ist sozusagen aufgegeben und eine neue existiert noch nicht" (a.a.O., 70). Angesichts des neuen Gegenstandes bringt das Subjekt „alle seine gegenwärtigen Reaktionen in Beziehung zueinander. Diese Freiheit der Bewegung, durch die alle Tätigkeiten und Handlungsbestrebungen, welche durch eine fest umrissene Theorie gefesselt waren, ohne Widerstand ineinander spielen, scheint mir das Wesen der Subjektivität zu sein" (a.a.O., 74).

Ein situationsbedingtes Problem des Handelns bringt über den Wechsel der Aufmerksamkeit bestehende Selbst- und Welt-Deutungen in Bewegung (a.a.O., 75). Dies betrachtet Mead als einen funktionalen Vorgang für eine Problemverarbeitung, denn durch die Selbstaufmerksamkeit werden Überlegungen hinsichtlich der Bedingungen der gehemmten Handlung in Gang gesetzt.

Die Aufmerksamkeitsverlagerung lässt sich als Reiz verstehen, mit welchem die unterbrochene Koordination der Handlungsantriebe zum Abschluss gebracht werden kann (a.a.O., 125). In dem Bemühen, Ursachen für das Scheitern der Handlung bei sich selbst oder in der Umwelt zu finden, wird neben der sozialen auch eine psycho-physische Welt konturiert. „Das Ergebnis des bewußt unternommenen Versuchs, ein unabwendbares Problem zu lösen, besteht mit einem Wort darin, die eigene Welt, soweit diese von dem Problem betroffen ist, psychisch werden zu lassen" (a.a.O., 68).

> **KASTEN 5 ▶ Aufmerksamkeiten im schulischen Kontext**
>
> In der Schule kann es für Lehrkräfte ein Problem sein, die Aufmerksamkeit der Schüler zu wecken und aufrecht zu erhalten. Dramatisch verloren gegangen ist die Aufmerksamkeit eines Schülers, wenn er gar nicht mehr in der Schule erscheint (Schulabsentismus). Aber auch wenn ein Schüler aus dem Fenster schaut, könnte er für den Unterricht „verloren" sein. Lehrkräfte sind professionalisiert darin, dies mit verschiedenen Strategien aufzufangen. Sie reagieren auf massiven Schulabsentismus ebenso wie auf das kurzfristige Ausklinken aus dem Unterrichtsgeschehen.
> Hier lassen sich mit Mead grundsätzliche Beobachtungen anstellen: Ist nicht die Schule eine Instanz, die Bahnen für die Aufmerksamkeit der Schüler vorgibt – durch fachliche Themen, für den Umgang miteinander? Und: Könnten nicht Lernerfahrungen ablaufen – wie oben im Kerzenbeispiel –, wenn ein Schüler aus dem Fenster schaut? Koordiniert er vielleicht gerade widersprüchliche Handlungsantriebe? Ist nicht auch die Lehrkraft, wenn sie ein „Gucken aus dem Fenster" beobachtet, widersprüchlichen Handlungsantrieben ausgesetzt? Zum Beispiel dem, dies laufen zu lassen oder disziplinarisch einzugreifen? Oder das Tun des Schülers vielleicht mit der Frage „Woran denkst du gerade" wieder in den Unterricht einzubauen?

> Mit Meads mikrosoziologischen, d.h. kleinteiligen Beobachtungen von Verschiebungen der Aufmerksamkeit lassen sich Situationen denken, hinter denen vielleicht mehr steckt.

Riskanter Handlungsvollzug als intelligente Problemlösung

In der Phase des Übergangs, in der altes Wissen nicht mehr, neues Wissen noch nicht verfügbar ist, sind Individuen gewissermaßen für Momente ohne kognitive Kontrolle über sich und die Situation. Im Kerzenbeispiel ist dies aber auch der Augenblick, in welchem das Kind seine Finger zum fremden Gegenstand ausstreckt und damit beginnt, sein Problem zu lösen.[3] Nach Mead beinhaltet gerade dieser riskante Handlungsvollzug eine intelligente Organisation auf das Problem hin, an deren Ende die Bewältigung der miteinander streitenden Handlungsantriebe steht. Im Vollzug des Handelns, dem Zugriff auf die Kerze, konstruiert das Kind Hypothesen, was zeigt, dass es schöpferisch mit sich und der Welt umgeht. Die Motivation dazu kommt aus der Desorganisation der Handlungsantriebe, die durch die Interaktion mit einem Gegenstand eintreten kann.[4]

Beispiel: Der Ballwurf
Meads Überlegungen zu menschlichen Aufmerksamkeiten setzen bei habitualisierten Handlungen an. Bei einem gelingenden Ballwurf gebe es eine Handlungseinheit, deren Teile aufeinander abgestimmt sind: „Ein erfolgreich geworfener Ball bedeutet für uns, daß bei einem bestimmten Gewicht des Balls und einer bestimmten Schwungkraft eine Entfernung überbrückt worden ist" (Mead 1987, 130). Der Wurf bildet eine gesamte „objektive Situation" (a.a.O., 131), in der das Ich weder über ein spezifisches Bewusstsein seiner selbst bezüglich der einzelnen Handlungskomponenten, noch über ein Umweltobjekt verfügt (ebd.). In der gelingenden Handlung gibt es pragmatisch gesehen für eine Thematisierung von Handlungs-Subjekt und Handlungs-Objekt keinen Grund. Im Vollzug der Handlung verschmelzen beide

---

3 Vgl. zum augenblickbezogenen Charakter von Handlungsmodellen im Pragmatismus: Joas 1996, 191.
4 Hans Joas weist darauf hin, dass der Begriff Motivation bei Mead interaktionistisch gefasst, auf ein „handelndes Erreichen eines Objektes gerichtet ist"; Motivation bei Mead kennzeichnet damit nicht nur eine Energetik, sondern auch thematische Sinnzusammenhänge des Handelns. Die Motivation ist thematisch gesehen eine Motivation „zu etwas" (Joas 1989, 123).

zur Einheit. Diese zerfällt jedoch angesichts eines Problems – zum Beispiel einem fehlerhaften Wurf –, wenn die Handlung gehemmt wird (a.a.O., 130). Eine Situation könne „so hoffnungslos verworren werden, daß das Bewußtsein in ihr [...] zu Recht als protoplasmisch bezeichnet werden könnte" (a.a.O., 139). Mead hebt hervor, dass eine verworrene Situation auch durch „widersprüchliche Haltungen" eines Gegenübers bedingt sein können, die zu der Frage führen, „was denn nun sein wirkliches Wesen" sei (a.a.O., 138). Haltungen der anderen verunsichern Akteure in ihrer „Urteilsfähigkeit" (a.a.O., 139). Das Subjekt gerate in einen Zustand der Desintegration, in welchem es wahrnimmt, dass seine Handlungsantriebe unkoordiniert und konflikthaft nebeneinander stehen (a.a.O., 131f.). Verantwortlich dafür ist die Hemmung der Handlung selbst, angestoßen durch das fremde Verhalten des Interaktionspartners. Sie erzwingt einen „Wechsel der Aufmerksamkeit" (a.a.O., 132) auf die eigene psychische Innenwelt. Gerade indem die Handlungsantriebe ihr Objekt in der Umwelt nicht erreichen, treten sie ins Bewusstsein. In der Störung wird die Person gleichsam zu einer Fehlersuche gedrängt, was ihre Aufmerksamkeit auch auf die eigene Innenwelt richtet.[5]

Umcodierung der Aufmerksamkeit

Im Straßenfußball gibt es in der Regel Enttäuschung, wenn einem der Gegner den Ball abnimmt. Jürgen Klopp vom BVB trainiert die Spieler offensichtlich um: Wenn man den Ball verliert, ist es für die Mannschaft ein Signal: zwei, drei Spieler gleichzeitig stürmen nach vorn, um dem Gegner den Ball wieder abzunehmen; es sieht aus wie ein Rudel junger Hunde, das sich bei Ballverlust blitzschnell auf den Gegner stürzt. Aus einem Ballverlust ergeben sich oft Angriffsmöglichkeiten (Fachbegriff: „Gegenpressing", sofortiges Attackieren nach Ballverlust, am besten weit in der Hälfte des Gegners). Diese Umcodierung von „Ball weg gleich Enttäuschung", hin zu „Ball weg gleich Signal zum Angriff", kann man mit Mead als Umcodierung der Aufmerksamkeit bezeichnen. Dafür ist jedoch harte Schulung erforderlich. Mit Mead ließe sich denken, dass im Training vielleicht Hemmungen in die zuvor habitualisiert ablaufenden Handlung eingebaut werden – damit die Spieler aufmerksam werden, an genau bestimmten Stellen anders zu handeln.

---

5 vgl. ähnlich Rauschenbach 1991, 70 ff.

2.2 Fazit zu Mead

Nach Mead eröffnet die Gestenkommunikation einen interaktiven Austausch, nach dem Muster „nicht-intentionaler sozialer Sinnkonstitution" (Bender 1989, 83). Nicht-intentional bedeutet, dass bereits Gesten Zeichen sind: Man zeigt mit dem Finger auf etwas und damit wird etwas bedeutet, ohne etwas sagen zu müssen. Bereits über den Gestenaustausch sind die Gesellschaftsmitglieder reziprok an der Bedeutungskonstitution von Verhaltensregeln beteiligt (a.a.O., 84). Die Sprache differenziert sich nach Mead aus Gesten aus.

Für den Sozialisanden bedeutet jeder neue Begriff über Regeln, die im gestischen Spiel schon praktiziert und nun, in der Phase des „game", von allen Akteuren kognitiv eingefordert werden können, wiederum einen Konflikt, der eine Veränderung seiner Aufmerksamkeit hervorruft. Bender bemerkt dazu, dass dies auf der Interaktionsseite die Unterbrechung des Wettkampfes beinhaltet, weil der Gehalt von Regeln ausgehandelt wird (ebd.). Bei den Individuen findet in dieser Phase der veränderten Aufmerksamkeit der kognitive Einbau einer sprachlich neu explizierten Regel in den bestehenden Hypothesenkanon statt. Die erhöhte Aufmerksamkeit, die durch die „fremde" Regel angeregt wird, lässt sich auch als Motivation verstehen, sich mit einer fremden Regel überhaupt zu beschäftigen.

Im Sozialisationskonzept von Mead spielt die gestische Kommunikation damit eine zentrale Rolle. Gesten können prä-reflexiv, im praktischen Verhalten, verstanden werden. Joas meint auf diese Konzeption Meads bezogen, dass Akteure die ihnen angetragenen Sozialisationsregeln schon als bedeutsame praktizieren, noch bevor sie darüber im Sinne einer Selbstidentität nachdenken.[6] Am Beginn der Differenzierung eines Verhaltens steht eine noch nicht reflexive Erfahrung von Intersubjektivität; am Ende der Differenzierung konstituiert sich eine Kommunikation zwischen einem reflexiven Ich sowie seiner Umwelt.

Der Sozialisationsvorgang ist ein interaktiver, besteht weder aus Annahmen über eine vorgängige Sozialität noch aus Annahmen über eine vorgängige Subjektivität. Dem Aufbau von Wissen im einzelnen Bewusstsein, dem ein Übernahmemodell entspräche, versucht Mead dadurch zu entgehen, indem er die Sozialisation nicht primär als sprachlichen Regeltransfer konzipiert, sondern zunächst auf die Ebene des gestischen Verhaltens verlagert. Auf dieser Ebene sind alle an der Sozialisation Beteiligten unabhängig von ihrem Sprachver-

---

6 In diesem Zusammenhang verweist Joas (1989, 107, Anm. 31) auf die Sozialisationstheorie Ulrich Oevermanns. Nach Oevermann treten die Sozialisatoren dem Kind immer schon mit der Unterstellung von dessen Kompetenz gegenüber (vgl. Oevermann u.a. 1976, 372f.).

mögen gleichwertige Partner. Keine Seite ist Trägerin eines objektiven Wissens, das die andere Seite nur nachvollziehen müsste.

2.3 Beobachtungen der StudentInnen zu Mead

Die Frage im Seminar war, ob sich das Aufmerksamkeits-Konzept von Mead auch auf Vorgänge im Jugendlichen- oder Erwachsenenalter anwenden lässt. Dazu sollte ein passendes Beispiel – eine Situation – konstruiert werden. Dann sollte die begriffliche Analyse von Mead zur Aufmerksamkeit auf die Situation angewendet, d.h. das Handeln eines Akteurs durch die „Theoriebrille" Meads gekennzeichnet werden. Es durfte nur eine DIN A4-Seite geschrieben werden.

KASTEN 6 ▶ Zwei Beispiele studentischer Gruppen

Gruppe Eins – Fallschirmsprung
Im folgenden Text wollen wir darstellen, ob und inwiefern sich das Aufmerksamkeits-Konzept von Mead (nach Brüsemeister 2008a) auf das Jugendlichen- oder Erwachsenenalter anwenden lässt.
Unserer Meinung nach setzt sich das Aufmerksamkeits-Konzept nach Mead aus zwei Teilbereichen zusammen: Ein Teilbereich sind die „Konflikthaften Situationen als Chance zur Selbstaufmerksamkeit" (Brüsemeister 2008a, 57), in der die „Haltungen der anderen [...] (die) Akteure in ihrer ‚Urteilsfähigkeit'" (ebd.) verunsichern. Der zweite Teilbereich ist unter dem Titel „Riskanter Handlungsvollzug"(a.a.O., 59) dargestellt. Hierbei geht es um das Handeln von einer Person in einer problematischen Situation, deren Erfahrungen nicht auf das Objekt zutreffen. „Eine Lösung des Problems wird nun im riskanten Handlungsvollzug erreicht" (a.a.O., 60). Wichtig bei dem Aufmerksamkeits-Konzept von Mead ist, dass man durch auftretende Probleme seine Aufmerksamkeit auf das Innere-Ich fokussiert. Mead bezieht sich in seiner Theorie auf den Erwerb von Erfahrungen im Kindesalter. In unserem Beispiel wollen wir zeigen, dass sich die Theorie von Mead auch auf das Jugend- und Erwachsenenalter anwenden lässt. Dies möchten wir an dem Szenario eines Fallschirmsprunges zeigen.
Eine Person steht kurz vor ihrem ersten Fallschirmsprung aus 4.000 Metern Höhe und befindet sich in einem inneren Konflikt. „Angesichts des neuen Gegenstandes bringt das Subjekt ‚alle seine gegenwärtigen Reaktionen in Beziehung zueinander'" (a.a.O., 61). Zum einen reizt sie die neue Erfahrung, zum anderen ist sie gehemmt, da sie sich in einer Situation befindet, auf die ihre bisherigen Erfahrungen nicht zutreffen. Der Trieb, den

Sprung durchzuführen, entstammt einer Aufmerksamkeitsveränderung der Person, was nach außen hin durch Zögern sichtbar wird. Diese Verzögerung zwischen Reiz und Reaktion wird nach Mead als Aufmerksamkeit bezeichnet (a.a.O., 56). Die Aufmerksamkeitsverlagerung stellt nach Mead (a.a.O., 61) einen Reiz dar, durch den die Handlung zum Abschluss gebracht werden kann. Auf unser Beispiel bezogen stellt diese den Moment vor dem Absprung dar, da „altes Wissen nicht mehr, neues Wissen noch nicht verfügbar ist" (a.a.O., 63). Dieser Moment ohne kognitive Kontrolle führt zu dem riskanten Handlungsvollzug und somit zur „Bewältigung der miteinander streitenden Handlungsantriebe" (ebd.). Durch den Sprung erlangt die Person neues Wissen.

Gruppe Zwei – Spielkonsole
Max kommt neu in eine Klasse. Als „Neuer" versucht er möglichst schnell Zugang zu einer bestimmten Gruppe zu finden. Aufgrund des gemeinsamen Interesses findet er schnell Anschluss. Bereits am Anfang wird auf Max Druck ausgeübt, da die Gruppe nur über die neuesten Spiele und Konsolen verfügt. Max hingegen kommt aus ärmlicheren Verhältnissen und kann sich diese nicht leisten. Es entsteht ein innerer Konflikt in Max, weil er dazugehören möchte.
Auf die Frage der Gruppe, ob er eine Konsole besäße, antwortet er mit „Ja", da er die Geste der Gruppenmitglieder, die ihn bei einem „Nein" ausschließen würden, antizipieren kann. (Dreifelder-Schema nach Mead, vgl. Brüsemeister 2008a, 54f.)
Nachdem er die Gruppe die folgenden Tage mehrmals versetzt, muss er nun seinen „Pflichten" nachgehen und zur Spieleverabredung am darauffolgenden Tag seine Konsole mitbringen.
Auf dem Heimweg geht Max an einem Elektrohandel vorbei und sieht eine Spielkonsole im Schaufenster, die im Angebot ist. Max, als „aufmerksames Wesen", richtet seine Aufmerksamkeit auf diesen sprachlichen Reiz und ist in der Lage, individuell auf diesen Reiz zu reagieren, indem er mögliche Handlungen – Konsole stehlen, Eltern um Geld bitten oder auf die Konsole verzichten – und ihre Konsequenzen durchdenkt. (A.a.O., S. 56) Er fasst den Entschluss, seine Eltern um finanzielle Unterstützung zu bitten, doch beide verwehren ihm diese.
Max begibt sich wieder in den Elektrohandel mit dem Gedanken, eine Konsole zu stehlen. Als er vor den Geräten steht, wird Max unsicher, da er sich bewusst wird, dass er eine Straftat begehen würde. Mit zitternder Hand nähert er sich der Konsole, was verdeutlicht, dass sich zwei Handlungstriebe gegenüber stehen. (A.a.O., S. 60) Er greift nach der Konsole

> und in diesem Moment spricht ihn ein Angestellter an: „Willst du dir die wirklich kaufen? Nächste Woche kommt das neue Modell!"
> Somit erfolgt nach Mead eine Hemmung der Handlung. Es wird ein „Wechsel der Aufmerksamkeit" erzwungen, die Handlungsantriebe treten ins Bewusstsein (a.a.O., S. 57f.) und Max richtet seine Aufmerksamkeit auf sein Inneres, indem er versucht den Fehler zu finden. Er entwickelt ein schlechtes Gewissen und begreift erst jetzt, was er imstande war zu tun.

2.4 Kommentare zu den Beobachtungen der StudentInnen

Das Konzept der Aufmerksamkeit wurde offensichtlich auseinander genommen und auch verstanden. Die einzelnen argumentativen Bestandteile mussten erst einmal isoliert werden. Dann musste man sie auf eine analoge Situation beziehen: Eine solche Situation musste ausgedacht werden, die Situation musste so konstruiert und formuliert sein, dass nachvollziehbar wird, wie ein Akteur einen Konflikt widerstreitender Handlungsantriebe erlebt. Das Ganze galt es zudem als Text zu formulieren, der Brüche möglichst „kittet". Da mit nur einer Ergebnisseite wenig Platz zum Schreiben war, konnten die einzelnen argumentativen Bezüge zu Mead nicht erst durch Zitate vorangestellt werden, um sie dann anzuwenden. Beides wird stattdessen „in einem Rutsch" dargestellt. Kurz: Es wurde ein Anwendungsfall konstruiert und mit Hilfe von Theoriesegmenten, die zuvor verstanden sein mussten, gedeutet.

Es folgen weitere exemplarische Beispiele, um zu zeigen, welche Situationen studentische Arbeitsgruppen konstruiert haben, um Meads Theorie darauf anzuwenden:

- Eine Konfliktsituation entsteht dadurch, dass ein Jugendlicher von seinem Freundeskreis, der regelmäßig Drogen konsumiert, dazu aufgefordert wird, einen Joint zu rauchen.
- Ein Student fälscht Unterschriften auf Scheinen und wird von einem anderen daraufhin angesprochen.
- Ein 17-Jähriger wird von Freunden immer mit einem Auto zu Partys mitgenommen; als er seinen Führerschein hat, muss er das erste Mal fahren.
- Eine Person gerät in einen Konflikt, da sie nach einer Feier einen „Kater" hat, aktuell jedoch ein weiteres großes Fest ansteht.
- Eine Waschmaschine geht kaputt; die widerstrebenden Handlungsantriebe bestehen in den Impulsen, a) die nasse Wäsche aus der Maschine zu nehmen, dabei jedoch b) nicht auf den Boden zu tropfen.

Insgesamt sind die Lösungen der Gruppen ideenreich. Es steckt viel Arbeit in der Konstruktion eines solchen Anwendungsfalls, wobei der „plot" der Story, der Situation, auf den „plot" der Theorie passen muss.

2.5 Wie wird Mead weiter verwendet?

Im Folgenden wechseln wir die Beobachtungsebene, um für LeserInnen anzudeuten, wie auf der inhaltlichen Ebene Theoriesegmente von Mead von anderen Forscherinnen und Forschern weiter verwendet wurden.

a) Symbolischer Interaktionismus
Der wichtigste Kontext ist der Symbolische Interaktionismus, den Mead wesentlich beeinflusst hat. Der Symbolische Interaktionismus wurde „aus der philosophischen Tradition des amerikanischen Pragmatismus entwickelt" (Flick 2010, 83). Der amerikanische Pragmatismus hat auch die Chicagoer Schule der Soziologie geprägt. Mead gehört – wie Thomas, Park und Cooley – dieser Schule an. Goffman und Garfinkel – die hier im Buch ebenfalls vorgestellt werden – zählen ebenfalls zur Chicagoer Schule.

> **KASTEN 7 ▶ Definition Symbolischer Interaktionismus**
>
> Der Symbolische Interaktionismus basiert nach Blumer (1973, 81) auf drei Prämissen:
> „Die erste Prämisse besagt, dass Menschen ‚Dingen' gegenüber auf der Grundlage von Bedeutungen handeln, die diese Dinge für sie besitzen. [...] Die zweite Prämisse besagt, dass die Bedeutung solcher Dinge aus der sozialen Interaktion, die man mit seinen Mitmenschen eingeht, abgeleitet ist oder aus ihr entsteht. Die dritte Prämisse besagt, dass diese Bedeutungen in einem interpretativen Prozeß, den die Person in ihrer Auseinandersetzung mit den ihr begegnenden Dingen benutzt, gehandhabt und abgeändert werden."
>
> *Literaturhinweis:*
> Einen guten kurzen Überblick – mit vielen weiteren Literaturhinweisen – zur Geschichte des Symbolischen Interaktionismus, die teilweise auch die Geschichte qualitativer Forschung ist, liefert für die USA und Deutschland Flick 2010, 30-36, 82-84.

Meads Beiträge zur Rollentheorie (Homo Sociologicus)
Mit dem Konzept des verallgemeinerten Anderen (Kasten 4) sieht Mead den Einzelnen in der Lage, gesellschaftliche Perspektiven auf sich selbst anzuwenden, sprich Rollen der Gesellschaft zu spielen. Mead macht dabei deutlich, a) dass die Rollen in der Identität des Akteurs verankert sind, und dass b) die Rollen „kreativ" gespielt werden – im riskanten Handlungsvollzug und durch Verschiebungen der Aufmerksamkeit werden die Verständnisse von Ich und Welt immer wieder neu geordnet. In diesem Sinne hat Mead das soziologische Rollenkonzept tief beeinflusst.

In der Soziologie hat es vor und nach Mead eine breite Diskussion von Rollen gegeben, die sich grob in zwei Lager unterteilen lässt: 1) Das erste setzt die Tradition von Mead fort und betont mehr oder weniger „kreative" Anwendungen von Rollen, so insbesondere Goffman (siehe Kap. 3) und Garfinkel (Kap. 5); es herrscht die Ansicht vor, dass Akteure nicht nur Rollen und die mit ihnen verbunden Zwänge bloß übernehmen (role-taking), sondern interpretative Auslegungen und Anwendungen vornehmen (role-making) – siehe auch die dritte Prämisse von Blumer. In der langjährigen internationalen und auch deutschsprachigen Diskussion von Rollen ist das Rollenkonzept teilweise immer mehr auf eine bloße Übernahme von (fertigen) Rollen vereinfacht worden (so in Ansätzen Dahrendorf 2010; zuerst 1959). Es entstand das Bild eines „Homo Sociologicus" (vgl. ebd.), der nach Erwartungssicherheit strebt, indem er Rollenanforderungen der Gesellschaft bloß erfüllt. Entsprechende Kritiken an diesem stilisierten Bild, insbesondere von VertreterInnen des role-making-Ansatzes, die sich teilweise auch auf Mead bezogen, blieben nicht aus. Richtig ist zwar, dass es sowohl im role-making als auch im role-taking dem Akteur um Erwartungssicherheit geht – insofern haben beide Lager mehr Gemeinsamkeiten, als sie zugestehen (vgl. zu dieser Auseinandersetzung zw. role-taking und role-making Schimank 2010, 49ff.). Mead lässt sich jedenfalls nur dem role-making zuordnen, da er kreative Anwendungen von Rollen beobachtet.

b) Ulrich Oevermann
Im deutschsprachigen Raum hat sich Ulrich Oevermann auf Mead bezogen. Wie Fritz Schütze – dazu im Folgenden mehr – hat auch Oevermann in Deutschland seit den 1970er Jahren die qualitative Forschung, die sich auf Prämissen des Symbolischen Interaktionismus stützt, vorangebracht.

Oevermann findet bei Mead eine „Konzeptualisierung des Zusammenhangs von Krise, unmittelbarer, sprachlich unvermittelter Erfahrung und außertextlicher Wirklichkeit" und bezieht sich auf Meads Aufsatz „Die Definition des

Psychischen".[7] Der Hinweis auf ‚sprachlich unvermittele Erfahrung' lässt sich gut mit Meads Gestenkommunikation – die ja nicht sprachlich sein muss – in Verbindung bringen. Es gib einen objektiven Bedeutungsgehalt von Gesten, der Gestenkommunikation. Ich habe bereits das Beispiel des ausgestreckten Fingers angeführt, der bedeutet: „dort geht der Weg", obwohl die Person, dem der Finger gehört, dabei nicht spricht.

Es gibt eine Grunddifferenz von objektiver Bedeutung der Geste und dem subjektiv gemeinten Sinn: die Person könnte ganz sauer auf den Fragenden gewesen sein; oder sie ist ein entflohener Sträfling, der sich verstecken will; oder die Person freut sich über eine kleine Abwechslung und zeigt gern den Weg. Davon unabhängig bedeutet jedoch der ausgestreckte Zeigefinger jedes Mal das gleiche.

Oevermann hat diese Grunddifferenz zweier Sinn-Arten seit den 1970er Jahren zu einer Methode der qualitativen Forschung ausgebaut, die sogenannte „Objektive Hermeneutik". In dieser Zeit schwappte eine große Welle der Soziolinguistik von den USA nach Europa, mit der es die Hoffnung gab, sozusagen in Texten die Gesellschaft zu erkennen – die Texte sind verschriftlichte Gespräche, Interviews, Beobachtungen, auch Beobachtungen zu Dokumenten. Wenn auf diese Weise so „die Welt als Text" erscheint, lassen sich die Texte, lassen sich einzelne Aussagen oder Wörter gut untersuchen, erstens, welche objektive Bedeutung sie haben und zweitens, welchen subjektiven Sinn die Sprecher damit verbinden. Diese beiden Sinnvarianten müssen nicht deckungsgleich sein. Oevermann hat in solchen Sinnvarianten auch Möglichkeiten für kreatives Handeln, für das Entstehen von Neuem gesehen. Das erscheint einleuchtend, wenn man noch einmal an das Kerzenbeispiel von Mead denkt.

c) Fritz Schütze

Von der Soziolinguistik ließ sich in den 1970er Jahren auch Fritz Schütze beeinflussen. Schütze veröffentlichte 1975 seine Dissertation von fast 1.000 (!) Seiten, in der er sich sehr stark mit soziolinguistischen Konzepten auseinandersetzte. Auch Schütze hat – ähnlich wie Oevermann – daraus später eine Methode der qualitativen Forschung entwickelt, das narrative Interview.

Schütze stützt sich hierbei ausführlich unter anderem auf Mead. Der Symbolische Interaktionismus wurde in Deutschland von Schütze und anderen 1973 – in der Arbeitsgruppe Bielefelder Soziologen – bekannt gemacht. Man kann sagen, dass Mead einer der Grundlagentheoretiker für Schütze ist. Fritz Schüt-

---

7   Vgl. Oevermann 1986, 47, Anm. 23. Oevermann hat Meads Aufsatz später ausführlich besprochen, vgl. z.B. ders. 1991, 297ff.

ze ist einer der wichtigen Vertreter der biografischen Forschung, die in den Sozial- und Erziehungswissenschaften viele AnhängerInnen hat.

Schütze rekurriert auf die „unscheinbaren Verrichtungen der Perspektivenkundgabe und -übernahme in der lebendigen Interaktion von Angesicht zu Angesicht" (Schütze 1994, 221). Sie seien „in der Regel nicht abgegrenzt und reflektiert wahrnehmbar" (ebd.). Mit Reziprozität meint Schütze eine wechselseitige Perspektivenübernahme nach der Konzeption Meads. Sie soll in der Alltagskommunikation gerade in ihrer Immanenz praxiswirksam sein.

Für eine situationsangemessene Handlungsorganisation ist Schütze zufolge die Fähigkeit zur wechselseitig *flexiblen Perspektivenübernahme* bedeutsam. Sie ist nach seiner Ansicht eine Grundvoraussetzung für die Stabilisierung der alltäglichen Wissensaufordnung und damit der biografischen Orientierung (ebd.). In der Reziprozität als einer Basisregel der Sozialität wird der Alltagswissensbestand nach einem impliziten Erfolgsprinzip immer wieder reproduziert (Schütze 1975, 29, Anm. 3). Dabei bleibt jedoch aus der Aufmerksamkeit ausgeblendet, dass die Bedingung dazu ist, sich die eigenen, an die Interaktionsgegenüber gerichteten sprachlichen und nicht-sprachlichen kommunikativen Leistungen (Schütze 1994, 221) selbst innerlich vorzustellen. Die „interaktiven ‚Abstrahlungen'" (ebd.) enthalten Vermutungen über Sichtweisen der Interaktionspartner, die mir diese bestätigen müssen und die ich meinerseits an sie zurückgeben muss, um Irritationen in der Situation zu vermeiden. Erst wenn Akteure in der Lage sind, ihr ‚inneres Territorium' (Schütze 1981, 98) reziprok auf situative Interaktionsgeschehnisse auszurichten, kann ein realitätsgerechtes Handeln mit entsprechenden Strategien entstehen.

> Reziprozität bezeichnet dahingehend eine innere Selbstkoordination des Akteurs parallel zu einem interaktiven Austausch.

Nach Schütze gehört es im Anschluss an Mead „zur gelingenden kommunikativen Interaktion mit Notwendigkeit dazu, daß ich mich bemühe, mir genau das, was ich sprachlich tue, […] auch aus der Sichtweise des jeweiligen anderen, des Interaktionspartners, vorzustellen […]. Und der andere bestätigt mir durch kleine Hinweise (Lächeln, Rezeptionssignale wie ‚mhm', Anspielungen), daß meine Vermutungen seiner Sichtweise auf meine interaktiven ‚Abstrahlungen' nicht abwegig sind".[8]

---

8 Schütze 1994, 221. Schütze verweist (ebd.) auf Mead 1988, 216-226, 236-244.

„Privatisierende Desymbolisierung"
Störungen der wechselseitigen Perspektivenübernahme besitzen nach Ansicht von Schütze gravierende Folgen, wie er am Beispiel eines Alkoholikers verdeutlicht. Dessen Fallkurve entfaltet sich durch „kleine Ursachen", die „ganz große Wirkungen haben können" (Schütze 1994, 221). Die Dynamik der Fallkurve beruht auf der „Irritation der Fähigkeit zur interaktiven Perspektivenübernahme" (ebd.), die schon durch kleinere Aussetzer in der Wahrnehmung der Rezeptionssignale und Bestätigungsgesten im Interaktionsprozess entstehe. Im fortgeschrittenen Stadium seiner Verlaufskurve kann der Alkoholiker immer weniger Rezeptionssignale „adäquat wahrnehmen, und möglicherweise bleiben die kommunikativen Rückspiegelungen des Interaktionsgegenübers teilweise auch schon tatsächlich aus, weil der vom Alkoholismus Betroffene bereits zuvor auch selber nicht mehr seine eigenen kommunikativen Rückspiegelungen in der geeigneten Weise vollzogen hat" (ebd). Eine mögliche Folge sei dann „die Entstabilisierung der Alltagsorganisation" sowie ein „Orientierungszusammenbruch" (ebd.).

Die Fähigkeit zur Perspektivenübernahme aus der Sicht eines verallgemeinerten Anderen gehört Schütze zufolge zu einer sozialen Grundlagenkompetenz (Schütze 1975, 256-265), verstanden als „eine durch Sprache ermöglichte kategoriale Fähigkeit zu symbolisch rückgekoppelten Interaktionen" (a.a.O., 257). Diese Fähigkeit wird insbesondere dann gefährdet, wenn es keinen verbindlichen Sprachcode mehr gibt. Dann droht nach Schütze eine „privatisierende Desymbolisierung" (a.a.O., 654). Psychisch gestörte Kommunikationen „richten sich nicht mehr nach den öffentlichen Regeln eines allgemein verbindlichen Sprachcodes" (ebd.). Die Abspaltung von der öffentlichen Kommunikation (vgl. ebd.) deutet Schütze als einen „Verlust [...] des [...] verallgemeinerten Anderen"; die „Übernahme der Rollen anderer" sei gestört (ebd.).

KASTEN 8 ▶ Beispiele zur Einschränkung der Perspektivenübernahme

- Die Störung der Perspektivenübernahme geschieht z.B. im Straßenverkehr: Nur noch wenige Autofahrer scheinen den Blinker zu betätigen, nach dem Muster *ich* weiß doch, wo ich hinfahren will". Blinken wird zu einem privatisierenden Symbol. Dass es einst ein kollektives Zeichen war, für das man durch die Fahrschulprüfung fallen konnte, wenn man es nicht einsetzte, scheint vergessen. Wenn mehr als die Hälfte dies nicht mehr tut: Beginnt hier die Aushöhlung moralischer Werte? Die gleichen nichtblinkenden Leute regen sich darüber auf, sollte ihr Kind von einem Auto angefahren worden sein, das nicht blinkte. Die Welt privatisierter Symbole ist auch dann eröffnet, wenn Menschen nur

ihr eigenes Kind in der Schule gefördert sehen möchten, aber nicht die Kinder der anderen. Oder die für den Erhalt des Gymnasiums kämpfen, und nicht möchten, dass andere Schulformen unterstützt werden.
- Ein weiteres Beispiel hat Schütze aus der Katastrophenforschung entlehnt – die übrigens eine der Mütter des narrativen Interviews ist. Schadensregulierer einer Versicherung wurden in ein Dorf gerufen, nachdem Häuser von einer Schlammlawine fortgespült wurden. Die BewohnerInnen mussten Schlimmes erleben: Ein Mann musste zusehen, wie seine Nachbarin direkt vor seinen Augen von der Schlammflut fortgerissen wird, ohne dass er ihr helfen kann. Im Interview fällt auf: Er kann nicht einmal mehr den Namen der Nachbarin sagen, obwohl er sie lange Jahre kannte. Er nennt sie nur noch anonym „that lady". Die moralische Grundlage des Dorfes ist zerstört, weil die Perspektivenübernahme nicht mehr gelingt. Der Mann war nicht in der Lage, zu helfen. Er zieht schließlich auch fort (vgl. Brüsemeister 2008b, 99ff.).

2.6 Literatur

Literaturempfehlungen

Mead, Georg H. (1988): Geist, Identität und Gesellschaft, Frankfurt a.M.
Flick, Uwe (2010): Qualitative Sozialforschung. Eine Einführung. Reinbek bei Hamburg, 30-36, 82-84.
Vester, Heinz-Günter (2009): Kompendium der Soziologie II: Die Klassiker. Wiesbaden, 135-148 (zu Mead).

Literaturverzeichnis

Arbeitsgruppe Bielefelder Soziologen (Hg.) (1973): Alltagswissen, Interaktion und gesellschaftliche Wirklichkeit, 2 Bde., Reinbek bei Hamburg.
Bender, Christiane (1989): Identität und Selbstreflexion. Zur reflexiven Konstruktion der sozialen Wirklichkeit in der Systemtheorie von N. Luhmann und im Symbolischen Interaktionismus von G.H. Mead, Frankfurt a.M., u.a..
Blumer, Herbert (1973): Der methodologische Standort des symbolischen Interaktionismus, in: Arbeitsgruppe Bielefelder Soziologen (Hg.): Alltagswissen, Interaktion und gesellschaftliche Wirklichkeit, Bd. 1, Reinbek bei Hamburg, 80-146.
Brüsemeister, Thomas (2008a): Mikrosoziologie. Biografie – Leiden – Lernen. Münster.
Brüsemeister, Thomas (2008b): Qualitative Forschung. Ein Überblick. Wiesbaden.
Dahrendorf, Ralf (2010): Homo Sociologicus. Ein Versuch zur Geschichte, Bedeutung und Kritik der sozialen Rolle. Wiesbaden (zuerst 1959).

Flick, Uwe (2010): Qualitative Sozialforschung. Eine Einführung. Reinbek bei Hamburg, 30-36, 82-84.

Habermas, Jürgen (1970): Der Universalitätsanspruch der Hermeneutik, in: Bubner, Rüdiger/Cramer, Konrad/Whiel, Reiner (Hg.): Hermeneutik und Dialektik. Tübingen, 73-103.

Hurrelmann, Klaus/Grundmann, Matthias/Walper, Sabine (Hg.) (2008): Handbuch Sozialisationsforschung. Weinheim, Basel.

Hurrelmann, Klaus/Ulich, Dieter (Hg.) (1982): Handbuch der Sozialisationsforschung. Weinheim, Basel.

Joas, Hans (1989): Praktische Intersubjektivität. Die Entwicklung des Werkes von G.H. Mead, Frankfurt a.M.

Joas, Hans (1996): Die Kreativität des Handelns, Frankfurt a.M.

Mead, Georg H. (1987): Gesammelte Aufsätze, Bd. 1 u. 2, hrsg. v. Hans Joas, Frankfurt a.M.

Oevermann, Ulrich (1991): Genetischer Strukturalismus und das sozialwissenschaftliche Problem der Erklärung und Entstehung des Neuen. In: Müller-Doohm, Stefan (Hg.): Jenseits der Utopie, Frankfurt a.M., 267-336.

Oevermann, Ulrich (1986): Kontroversen über sinnverstehende Soziologie. Einige wiederkehrende Probleme und Mißverständnisse in der Rezeption der ‚objektiven Hermeneutik'. In: Aufenanger, Stefan/Lenssen, Margrit (Hg.): Handlung und Sinnstruktur. Bedeutung und Anwendung der objektiven Hermeneutik. München, 19-83.

Rauschenbach, Brigitte (1991): Nicht ohne mich. Vom Eigensinn des Subjekts im Erkenntnisprozeß, Frankfurt a.M., New York.

Schütze, Fritz (1994): Ethnographie und sozialwissenschaftliche Methoden der Feldforschung. Eine mögliche methodische Orientierung in der Ausbildung und Praxis der Sozialen Arbeit? In: Groddeck, Norbert/Schumann, Michael (Hg.): Modernisierung sozialer Arbeit durch Methodenentwicklung und -reflexion. Freiburg, 189-297.

Schütze, Fritz (1989): Kollektive Verlaufskurve oder kollektiver Wandlungsprozeß. Dimensionen des Vergleichs von Kriegserfahrungen amerikanischer und deutscher Soldaten im Zweiten Weltkrieg. In: BIOS, Heft 1, 31-109.

Schütze, Fritz (1981): Prozeßstrukturen des Lebensablaufs. In: Matthes, Joachim/Pfeifenberger, Arno/Stosberg, Manfred (Hg.): Biographie in handlungswissenschaftlicher Perspektive. Nürnberg, 67-156.

Schütze, Fritz (1975): Sprache soziologisch gesehen. 2 Bde., München.

Schütze, Fritz/Meinefeld, Werner/Springer, Werner/Weymann, Ansgar (1973): Grundlagentheoretische Voraussetzungen methodisch kontrollierten Fremdverstehens, in: Arbeitsgruppe Bielefelder Soziologen (Hg.): Alltagswissen, Interaktion und gesellschaftliche Wirklichkeit. Bd. 2, Reinbek bei Hamburg, 433-495.

3 Goffman: Handeln in Interaktionsordnungen

Hinführung

Erving Goffman wurde im Jahr 1922 in Mannville, Kanada, geboren und studierte zunächst Chemie, bevor er zu den Fächern Soziologie und Kulturanthropologie wechselte. Diese Fächer lehrte er später auch in den Vereinigten Staaten, wo er 1982 verstarb (Vester 2010, 17). Im Laufe seines Lebens veröffentlichte er eine Reihe von Artikeln und Büchern, die allesamt der grundlegenden Frage nachgehen: „Wie ist Gesellschaft möglich?" (Dahrendorf 1969, VII). Sein Werk „*Wir alle spielen Theater*" (im englischen Original „*The Presentation of Self in Everyday Life*") von 1956 darf als das wohl Bekannteste genannt werden, da es auch außerhalb soziologischer Kreise Beachtung gefunden hat (Vester 2010, 17). Dies liegt laut Vester nicht zuletzt am Können Goffmans, seinen LeserInnen „wie nur wenige andere Soziologen [...] aufgrund der Lebensnähe, Originalität und literarischen Brillanz seiner Texte Einblicke in das [...] alltägliche Sozialleben" zu verschaffen (ebd.). Schon seine Dissertation, für die er 1949 auf der Shetland-Insel Unst Feldforschung betrieb, zeigt, dass Goffmans Interesse darin lag, möglichst lebensnah zu forschen und zu schreiben (a.a.O., 22f., 28, 35). In seinen Texten spiegelt sich dies durch theoretische Ausführungen wider, die er mit vielen leicht verständlichen Beispielen verdeutlicht (vgl. Goffman 1974, 57ff.).[1] „Goffman erklärt (hierbei) nicht die soziale Wirklichkeit, indem er ein beobachtbares Phänomen auf ein dahinter stehendes Gesetz zurückführt. Goffman versucht vielmehr, Phänomene mit Hilfe von wechselnden Begriffen einzukreisen, sie in einen Bezugsrahmen zu stellen, innerhalb dessen sie Sinn ergeben – sei es für den Beobachter oder für den Menschen, der sich innerhalb dieses Rahmens bewegt" (Vester 2010, 35). Goffman beeinflusste die Mikrosoziologie, die Interaktions- und Kommunikationsforschung sowie die qualitative Sozialforschung, obwohl er selbst keine eigene Schule begründete (a.a.O., 17, 35f.).

---

[1] Hierbei greift er oft auf die US-amerikanische Mittelstandsgesellschaft der 1950er bis 1970er Jahre zurück. Dieser eingeschränkte Fokus wurde durchaus kritisiert (Vester 2010, 35).

3.1 Goffman und der Symbolische Interaktionismus

Bereits Goffmans Dissertation weist auf ein zentrales Merkmal seiner soziologischen Arbeit hin: nämlich *soziale Interaktion* zu untersuchen (a.a.O., 17f., 22f.), also „die durch Kommunikation (Sprache, Symbole, Gesten usw.) vermittelten wechselseitigen Beziehungen zwischen Personen und Gruppen und die daraus resultierende wechselseitige Beeinflussung ihrer Einstellungen, Erwartungen und Handlungen" (Bisler/Klima 2007, 305). In den Fokus rückt Goffman *Interaktionen* und *‚Dramen' der Alltagswelt*.

Die Soziologie Goffmans wurde stark durch die mikrosoziologische Handlungstheorie des Symbolischen Interaktionismus (Vester 2010, 20ff.) nach Mead geprägt (Vester 2009, 135). Will man Goffmans Blick auf die soziale Interaktionen verstehen, muss man sich die „Theoriebrille" des Symbolischen Interaktionismus[2] aufsetzen. Vester nennt dazu folgende Punkte (vgl. auch Kasten 7, im Kapitel zu Mead):

„1. Wenn Menschen handeln, dann ist immer auch Bedeutung, Sinn im Spiel. Die Objekte, mit denen Menschen umgehen, sind mit Bedeutung versehen. Eben das ist ihr ‚symbolischer' Gehalt.
2. Bedeutung, Sinn ist nichts Vorgegebenes, existiert nicht jenseits der Aktionen und Interaktionen, sondern wird vielmehr erst durch Aktion und Interaktion erzeugt.
3. Man bezieht sich nicht schematisch (lexikalisch) auf Bedeutung. Bedeutung ist vielmehr ein offener Prozess der Interpretation, in dem Sinn gedeutet, Bedeutung ausprobiert, angewandt und verworfen wird.
4. Interaktionen und Interpretationen sind strukturiert. Diese Strukturen von Sinn und Interaktion machen das aus, was man Gesellschaft nennt. Aber die Strukturen sind nicht vorgegeben, sondern werden in der Interaktion geschaffen.
5. Die Gesellschaft ist ein emergentes Phänomen: Makrostrukturen gehen aus Mikrostrukturen hervor. Kollektives Handeln, soziale Organisation, Gesellschaft besteht aus Verkettungen von Aktionen, sind ‚joint action' (Blumer). Dabei ist die ‚joint action' mehr als die bloße Summe der Einzelaktionen; sie hat vielmehr einen ‚eigenen Charakter', ‚emergente' Eigenschaften, die durch die Verkettung der individuellen Akteure bzw. ihrer Aktionen geschaffen werden.
6. Der Soziologe versucht, die Strukturen von Sinn und Interaktion möglichst so zu erfassen, wie sie sich den Interakteuren selbst auch darstellen. Die soziologi-

---
2 Der Begriff selbst stammt von Herbert Blumer (1900-1987), einem Schüler Meads (Vester 2009, 136; ders. 2010, 20).

schen Begriffe sollen nicht wie von außen kommend dem sozialen Geschehen übergestülpt werden, sondern den Begriffen, mit denen die Menschen ihre Welt erfassen, entsprechen. Daraus folgt, dass die Hervorbringung soziologischer Begriffe und Hypothesen selbst ein Interaktions- und Interpretationsprozess ist. Konzepte und Theorien müssen an der empirischen Wirklichkeit überprüft werden. Konzepte – die des Wissenschaftlers wie die des Alltagsmenschen – sind Definitionen der Wirklichkeit. Der Wissenschaftler muss überprüfen, inwiefern seine Realitätsdefinition mit denen des Alltagsmenschen übereinstimmen; inwiefern seine Perspektive sich mit der Perspektive der Handelnden überschneidet." (Vester 2010, 20f.)

Kasten 1 ▶   Beispiel Feuerwehrnotrufe; oder wie man die Ordnung der Gesellschaft an Kleinigkeiten erkennt

Wissenschaftler, die mit dem Symbolischen Interaktionismus arbeiten, bilden die Wirklichkeit der Alltagsmenschen nicht einfach nur ab, wiederholen nicht nur, was Menschen sagen, sondern erkennen in ihrem Tun noch dahinter liegende Dinge. Dies lässt sich beispielsweise an der ethnomethodologischen Konversationsanalyse erkennen, die soziale Interaktion in Form von Gesprächen untersucht (vgl. Kapitel 5 des vorliegenden Buches). Ein bekanntes Beispiel ist die Untersuchung von einhundert Feuerwehrnotrufen durch Bergmann (Bergmann 1993, nach Brüsemeister 2008, 187). KonversationsanalytikerInnen nutzen Gesprächstranskripte, um den Verlauf eines Gesprächs zu analysieren. „Sie achten (jedoch) nicht nur darauf, was gesagt wird, sondern auch, *wie* dies geschieht. So stellt Bergmann fest: die erste Phase von Feuerwehrnotrufen beginnt in der Regel mit Identifizierungen der Gesprächsparteien bzw. mit dem Austausch von Grußformeln. Das klingt trivial, wird jedoch dadurch interessant, *wie* sich der Einsatzleiter telefonisch mit ‚Feuerwehr' meldet" (Brüsemeister 2008, 187, Herv. i.O.). Die Person in der Einsatzzentrale sagt nur ein einziges Wort: ‚Feuerwehr', und zwar kurz, mit erhöhter Lautstärke, fast militärisch, und mit einer ansteigenden Intonationskurve, so dass sich das Wort am Ende wie eine Frage anhört. Damit wird höchste Bereitschaft ausgedrückt – so als hätte die Zentrale die ganze Zeit nur auf diesen einen Anrufer gewartet. So wird er auch ermahnt, sich kurz zu fassen.
Es steckt also in dem einen Wort „Feuerwehr" schon eine ganze Menge Gesellschaft, eine Menge Interaktion. Kurz: es geht um soziale Ordnung, und wie man sie bereits an Kleinigkeiten erkennt.

3.2 Soziale Ordnung

Der Symbolische Interaktionismus und Goffman fragen: „Wie ist Gesellschaft möglich?" (Dahrendorf 1969, VII). Hierbei gehen sie nach Vester (2010, 21) davon aus, „dass die soziale Wirklichkeit, die Gesellschaft (erst) in und durch Handeln entsteht".

Goffman legt hierbei seinen Schwerpunkt auf jenen „Handlungsbereich, der durch Interaktionen von Angesicht zu Angesicht erzeugt und durch kommunikative Normen organisiert ist – ein Bereich, zu dem Hochzeiten, Familienessen, von einem Vorsitzenden geleitete Versammlungen, Gewaltmärsche, dienstliche Treffen, Menschenschlangen, Massenansammlungen und Paare gehören" (Goffman 1974, 9).

Gerade in diesen „Bereich(en) des öffentlichen Lebens" (ebd.) möchte er ihren „eigentümlichen allgemeinen Charakter" (ebd.) herausarbeiten. Es geht Goffman um die für die Soziologie wichtige Frage, wie und auf welche Weise sich in den Alltagsäußerungen und Alltagspraktiken soziale Ordnung zeigt. Er geht davon aus, dass Interaktionen Grundregeln unterliegen, die das Handeln begrenzen bzw. überhaupt erst ermöglichen (a.a.O., 10):

Kasten 2 ▶ Definition Soziale Ordnung nach Goffman
„Wenn Personen in geregelte Beziehungen zueinander treten, so bedienen sie sich sozialer Gepflogenheiten oder Praktiken, d.h. strukturierter Anpassungen an die Regeln. Diese Anpassungsstrukturen umfassen Übereinstimmungen, heimliche Abweichungen, entschuldbare Übertretungen, schamlose Regelverletzungen und dergleichen. Diese unterschiedlich motivierten und unterschiedlich funktionierenden Verhaltensmuster, diese mit Grundregeln verknüpften Routinehandlungen konstituieren in ihrer Gesamtheit das, was man als eine ‚soziale Ordnung' bezeichnen kann" (Goffman 1974, 10f.).

Es geht ihm also um Normen und Praktiken, die von den einzelnen TeilnehmerInnen an der Interaktion bei ihren aufeinanderbezogenen (reziproken) Handlungen angewendet werden (a.a.O., 11); es geht ihm um „jene[n] Grundregeln und Verhaltensregulierungen, die im Bereich des öffentlichen Lebens wirksam sind – bei Personen, die zusammentreffen, und Orten und Situationen, die Schauplatz solcher Kontakte von Angesicht zu Angesicht sind" (a.a.O., 14).

3.3 Territorien des Selbst

Um die Struktur sozialer Interaktionen – die *Interaktionsordnung* – analysieren und erklären zu können, hat Goffman verschiedene Konzepte entwickelt (Vester 2010, 22f.). Eines davon sind die *Territorien des Selbst*:
- den „persönliche[r](n) Raum",
- die „Box",
- den „Benutzungsraum",
- die „Reihenposition",
- die „Hülle",
- das „Besitzterritorium",
- das „Informationsreservat"
- das „Gesprächsreservat" (Goffman (974b, 54-71).

Die Begriffe Territorien und Reservat verwendet er synonym (vgl. a.a.O., 54f.). Da Goffmans Stil gleichsam umkreisende Gedanken sind, die sich sozialen Gegenständen immer wieder von einer etwas anderen Warte aus nähern, sind die acht Territorien nicht als strenges Regelwerk verfasst. Bevor er in seinem Text näher auf die einzelnen Territorien eingeht und diese mit Hilfe von Beispielen erläutert, benennt er zunächst einige wichtige Begriffe, mit denen er im Weiteren, wenn auch nicht durchgängig, arbeitet. Hierzu gehören das ‚Gut' (a.a.O., 54), das „Anrecht", der ‚Anspruchserhebende', die ‚Behinderung', der ‚Urheber' – auch ‚Gegenanspruchserhebende' genannt – und die ‚Agenten' (alle Begriffe ebd.). Unter dem *Gut* ist ganz grundlegend der Gegenstand zu verstehen, um den es in einer bestimmten Situation geht (ebd.). Das *Anrecht* auf dieses Gut definiert Goffman als „die Berechtigung, das Gut zu besitzen, zu kontrollieren, zu gebrauchen oder über es zu verfügen" (ebd.). Der *Anspruchserhebende* ist diejenige Person oder Gruppe, die das Anrecht auf das Gut erhebt (ebd.). Der *Gegenanspruchserhebende* ist dagegen diejenige Person oder Gruppe, die ebenfalls ein Anrecht auf das Gut erhebt und damit den Anspruchserhebenden bedroht (ebd.). Dies geschieht durch „Handlung(en), [...] Mittel und [...] Werkzeuge" (ebd.), also in Form von *Behinderungen* (ebd.). Die *Agenten* sind für Goffman die jeweiligen Interessenstellvertreter des Anspruch- und Gegenanspruchserhebenden (ebd.).

> **Kasten 3 ▶ Beispiel: Platzgerangel im Schulbus**
>
> Eine Schülerin sitzt in einem fast leeren Schulbus auf einer Sitzbank, die für zwei Personen ausgelegt ist. Die Schülerin ist die Anspruchserhebende, die zwei Plätze der Bank das Gut, auf das sie ihren Anspruch erhebt. Be-

> ginnt sich der Schulbus zu füllen, wird dieser Anspruch zunehmend bedroht, da auch andere SchülerInnen einen Sitzplatz möchten. Es handelt sich um Gegenanspruchserhebende. Setzt sich nun ein Schüler auf den Platz neben der Schülerin, weil ihn beispielsweise seine Freunde, die in der Sitzreihe dahinter ihre Plätze eingenommen haben, auf den noch freien Platz hingewiesen haben, können die Freunde nach Goffman als Agenten des Gegenanspruchserhebenden bezeichnet werden.

Goffman weist somit gleich am Anfang seines Kapitels darauf hin, dass „das zentrale Thema bei der Analyse der sozialen Organisation [...] der Begriff des Anrechts oder Anspruchs und die Schicksale der Versuche, Ansprüche zu verteidigen" (ebd.) ist. In diesem Rahmen werden „die Grenzen des Bereichs gewöhnlich von dem Ansprucherhebenden bewacht und verteidigt" (a.a.O., 55). Dies kann als eine einleitende Erklärung von Goffman verstanden werden, auch wenn es an dieser Stelle nur schwer zu erkennen ist, deswegen leicht überlesen oder nicht als wichtig erachtet wird.

Goffman betont offensichtlich, dass es sich bei der Untersuchung der *Territorien des Selbst* um Nähe- und Distanzverhältnisse handelt, in deren Zentrum der Aufbau von sozialen Regeln sowie die Vermeidung von Regelverletzungen stehen.

Kasten 4 ▶ Beispielfragen

Daran anschließend lassen sich beispielsweise folgende Fragen im Sinne Goffmans stellen:
- Wie gehen Individuen mit einem Eindringen in ihr Territorium um?
- Ab wann wird dies als ein Eindringen empfunden?
- Mit welchen sichtbaren und unsichtbaren Grenzen umgeben sich Menschen?
- Wie reagieren der Bedrängte und wie der Eindringling auf Grenzüberschreitungen?

Nach Goffman können die Territorien in drei Organisationsklassen unterteilt werden: in *ortsgebundene, situationelle* und *egozentrische* Territorien beziehungsweise Reservate (ebd.). *Ortsgebundene Reservate* sind – darauf verweist schon der Name – „geographisch festgelegt und einem Berechtigten zugeteilt, dessen Anspruch oft durch Gesetz und Gerichte gestützt wird" (ebd.), wie beispielsweise Felder, Höfe oder Häuser (ebd.). *Situationelle Territorien* sind ebenfalls ortsgebunden, der Öffentlichkeit jedoch zugänglich, wie Parkbänke oder Restauranttische (ebd.). Das *egozentrische Reservat* ist dagegen flexibel. Der Ansprucherhebende steht im Mittelpunkt des Reservats, so dass sich das Reservat zusammen mit ihm fortbewegt. Ein weiteres Kennzeichen von egozentrischen Reservaten ist die langfristige Beanspruchung, wie dies etwa bei einem Portemonnaie der Fall ist (ebd.).

Mit der Theorie des Symbolischen Interaktionismus, den von Goffman eingeleiteten Termini sowie der drei Organisationsklassen im Hinterkopf sollen im folgenden die *Territorien des Selbst* ausführlicher dargestellt werden. Zur Verdeutlichung konstruieren wir ein Beispiel aus dem Schulalltag:

> **Kasten 5 ▶ Beispiel: Erster Schultag in einer fünften Klasse**
>
> Sie sind LehrerIn einer fünften Klasse einer städtischen Gesamtschule. Es ist der erste Tag nach den Sommerferien und die SchülerInnen treffen zum ersten Mal als neue Klassengemeinschaft aufeinander. Darunter sind sowohl SchülerInnen, die sich schon aus einer gemeinsamen Grundschulzeit kennen, als auch SchülerInnen, für die die MitschülerInnen der neuen Klasse vollkommen unbekannte Gesichter sind. Welche Interaktionen beziehungsweise Interaktionsordnungen lassen sich mit Hilfe der acht Territorien des Selbst an einem solchen Tag beobachten?

(1) Der persönliche Raum

> Zunächst der persönliche Raum: Er ist „der Raum, der ein Individuum überall umgibt und dessen Betreten seitens eines anderen vom Individuum als Übergriff empfunden wird, der es zu einer Mißfallenskundgebung und manchmal zum Rückzug veranlaßt" (Goffman 1974, 56).

Er ist ein „Einmannbesitz" (a.a.O., 61), dessen Grenzen sich in Abhängigkeit der jeweiligen Raumverteilung und sozialen Gegebenheit ständig verändern. Je nach Situation zieht eine Person damit unterschiedliche Grenzen (a.a.O., 57). Der persönliche Raum ist damit „nicht als ein permanent besessenes, egozentrisches Anrecht zu betrachten, sondern als ein temporäres, situationelles Reservat, in dessen Zentrum sich das Individuum hineinbewegt" (ebd.).

Ein Beispiel für das Wahren und das Eindringen in den persönlichen Raum ist eine Situation vor Beginn der ersten Schulstunde: Nach der offiziellen Begrüßung zum neuen Schuljahr in der Aula wurden die SchülerInnen ihren neuen Klassen zugeteilt. Nach dem Gong zur Pause haben sie sich mit der neuen Klassenlehrerin auf den Weg zum Klassenraum gemacht. Während sich nun dort einige SchülerInnen vor dem Raum mit der Lehrerin oder einer Freundin unterhalten, haben andere SchülerInnen schon den neuen Klassenraum betreten. Dort stehen jeweils vier mal vier Reihen mit Zweiertischen. Die sich schon im Klassenraum befindenden SchülerInnen kennen sich untereinander nicht. Daher ist zu beobachten, dass sie sich Sitzplätze suchen, die es jedem ermöglichen, den eigenen persönlichen Raum wie auch den des anderen zu wahren (vgl. ebd.).

Kasten 6 ▶   Beispiel: Gezielt eine Situation herstellen

Goffman meint, dass „man damit rechnen kann, daß Individuen Situationen meiden, in denen sie von jemand anderem belästigt werden oder umgekehrt ihn belästigen könnten" (1974, 57). Weiter geht Goffman darauf ein, dass genau dieses Vermeidungsverhalten gezielt genutzt werden kann. Denn daraus „folgt, daß sie durch ihn kontrolliert werden können, wenn er bereit ist, gezielt die Situation herzustellen, die die anderen zu vermeiden suchen und durch deren Vermeidung sie in die von ihm gewünschte Richtung gelenkt werden können" (ebd.). Als Beispiel führt er an „die gezielte Belästigung seitens eines Taschendiebhelfers, der seinen Körper dazu benutzt, eine Beute ‚in die Falle zu treiben', das heißt, die Beute dazu zu bringen, sich von einem sie bedrängenden Körper fernzuhalten, und sich dabei in eine Position zu begeben, in der die Brieftasche erreichbar wird" (ebd.).

Ertönt nun die Glocke zum Ende der Pause, beginnt sich der Klassenraum langsam zu füllen, um gemeinsam auf den Beginn der Schulstunde zu warten. Zuerst ist der Raum noch für alle Hineinkommenden erkennbar leer. Dies hat zur Folge, dass sich die weiteren SchülerInnen an die noch freien Tische im Raum verteilt setzen.

Würde sich dagegen jemand dicht neben eine ihm unbekannte Person setzen, während andere Tische unbesetzt blieben, würde dies als Einschränkung des persönlichen Raums von der schon an diesem Tisch sitzenden Person empfunden werden. Es gilt die Regel, darauf zu achten, den persönlichen Raum des Gegenübers zu wahren und zuerst die freien Plätze zu füllen (vgl. ebd.).

Dies ändert sich jedoch, wenn sich der Klassenraum fast vollständig gefüllt hat und nun für alle Anwesenden erkennbar ist, dass es nur noch wenige freie Plätze gibt. Füllt man nun einen der wenigen leeren Plätze an einem schon besetzten Zweiertisch auf, wird dies diesmal von beiden Seiten nicht als ein

Eindringen in den persönlichen Raum gewertet. Mit der Verengung eines umgebenden Raums geht somit die Verschiebung der Grenze des persönlichen Raums einher und damit auch das Empfinden darüber, was als Verstoß oder Eindringen gewertet wird (a.a.O., 57f.).

Obwohl diese Vorgänge komplex erscheinen, ist „sich auf jemanden zuzubewegen oder sich auf jemanden zubewegt zu haben, […] eine weniger heikle Sache, als sich aus seiner Nähe zu entfernen" (a.a.O., 58). Hat sich beispielsweise eine Schülerin neben eine andere Schülerin gesetzt und erst dann gesehen, dass noch ein ganzer Tisch frei ist, wird es für sie nach den geltenden Interaktionsregeln schwierig, ihren oder seinen Platz aufzugeben und an den freien Tisch zu wechseln. Denn „ein Individuum, das seinen bisherigen Platz verläßt, um einen freigewordenen einzunehmen, zeigt offen, daß es nicht gewillt ist, sich weiterhin so dicht neben seinem Nachbarn aufzuhalten wie bisher" (ebd.), wobei dies von Seiten des Verlassenen als ein Affront gewertet werden kann.

Und auch die Neubesetzung des freigewordenen Platzes stellt für einen Schüler, der bisher noch keinen Platz gefunden hat, eine Herausforderung dar. Während es in einem Café oder einer Straßenbahn passieren kann, dass nach einem Weggang ein leerer Platz zurückbleibt und eine „Veränderung der Anordnung unterbleibt" (ebd.), kann dies in unserem Fall nicht geschehen, da die Anzahl der Plätze genau der Anzahl der SchülerInnen entspricht und jeder einen Platz einnehmen muss. Daher wird „zumindest […] einer, der sich auf den Platz setzen will, einen taktvollen Augenblick warten. Um dann erst den frei gewordenen Platz in Beschlag zu nehmen" (ebd.).

Goffman weist außerdem darauf hin, dass es einen Unterschied macht, ob sich eine Schülerin oder ein Schüler direkt vor eine schon an einem Tisch sitzende Person begibt oder dahinter, „da die räumlichen Ansprüche auf den unmittelbar vor einem liegenden Bereich größer sind als die sich auf den hinter einem liegenden Bereich beziehenden" (a.a.O., 56). Damit möchte er auch noch einmal verdeutlichen, dass es sich beim persönlichen Raum nicht um eine „Sphäre" (ebd.), sondern um eine „Kontur" (ebd.) handelt.

(2) Die Box

Die *Box* wird nach Goffman definiert als „der deutlich begrenzte Raum, auf den Individuen temporären Anspruch erheben können, ein Besitz auf der Grundlage des Alles oder Nichts" (1974, 59). Er unterscheidet zwischen zwei Typen von Boxen: *befestigte* und *tragbare* (a.a.O., 60). Als Beispiele für befestigte Boxen nennt er Stühle, leere Hütten oder eine Telefonzelle; tragbare Boxen sind für Goffman dagegen beispielsweise Handtücher am Strand oder Picknickdecken (ebd.). Die Box unterscheidet sich von dem persönlichen Raum insofern, als „daß sie die externe, deutlich sichtbare, verteidigungsfähige Begrenzung eines räumlichen Anspruchs beinhaltet" (a.a.O., 61), also nicht wie der persönliche Raum „ständig wechselnde Dimensionen hat" (ebd.).

Box und persönlicher Raum können, müssen in ihrer Begrenzung jedoch nicht kongruent sein. Stehen die Stühle an einem sehr kurzen Tisch direkt nebeneinander, so dass sich die Kanten der Sitzflächen sogar berühren, sind Box und persönlicher Raum der SchülerInnen mit diesen Stühlen deckungsgleich. Stehen die Stühle jedoch mit einem gewissen Abstand an einem breiteren Tisch, ist also „zwischen den Sitzen noch ein freier Raum", dann geht „der persönliche Raum im allgemeinen über die Box hinaus" (a.a.O., 60).

Der Anspruchererhebende verliert bei einer Box außerdem nicht das Anrecht auf das Gut, auch wenn er sich von dem Gegenstand – wie einer Picknickdecke – kurz wegbewegt. Eine Schülerin verliert nicht das Anrecht auf ihren Sitzplatz im Klassenraum, den sie sich am ersten Schultag ausgesucht hat, auch wenn sie diesen nach Schulende bis zum nächsten Tag oder während der Ferien verlässt. Dies trifft jedoch nicht auf den persönlichen Raum zu (ebd.), da er als „Einmannbesitz" (a.a.O., 61) nicht außerhalb beziehungsweise ohne den Anspruchererhebenden existieren kann.

> **Kasten 7 ▶   Beispiel: „Mehrpersonenbox"**
>
> Es gibt jedoch auch Boxen, die nicht – wie etwa ein Stuhl – nur Platz für eine Person bieten, sondern die dafür konzipiert wurden, von mehreren gleichzeitig genutzt zu werden. Goffman nennt hier als Beispiele Tennisplätze, fest installierte Picknicktische, Parkbänke oder Tische (a.a.O., 61f.). Auf das Schulbeispiel übertragen wäre eine solche „Mehrpersonenbox" (a.a.O., 61) ein Tisch, der von mindestens zwei SchülerInnen geteilt wird.

Damit müssen exklusive Ansprüche daran aufgegeben werden (ebd.), wobei sich ein rechteckiger Tisch gut in der Hälfte teilen lässt. Was aber passiert beispielsweise, wenn sich die Schüler zu fünft in Arbeitsgruppen an jeweils einem Zweiertisch zusammenfinden sollen und nun vor der Herausforderung stehen, dieses Gut untereinander aufteilen zu müssen? Nach Goffman „kommt stillschweigend eine Regel zur Anwendung, die Partizipationseinheiten […] das Recht gibt, eine fiktive Teilung einer Box in zwei (oder gelegentlich auch mehr) Boxen vorzunehmen. Dabei müssen natürlich in dem Maße, in dem der Andrang sich verstärkt, diejenigen, die sich bereits niedergelassen haben, anfangen, ihren ausschließlichen Anspruch auf eine Box aufzugeben. Die Folge ist Ambiguität.[3] Da es kein allgemein anerkanntes Prinzip gibt, das regelt, in welcher Folge die verschiedenen Anspruscherhebenden, die sich bereits niedergelassen haben, ihr alleiniges Anspruchsrecht aufgegeben haben" (a.a.O., 61f.). Es existiert also keine feste Regel, auf welche Art und Weise die Box – hier also der Tisch – unter den fünf SchülerInnen aufgeteilt werden kann. Somit wird diese Aufteilung an jedem Gruppentisch unterschiedlich zu beobachten sein. Während einige SchülerInnen beispielsweise eine gleichmäßige Verteilung des Platzes am Tisch vorziehen, werden andere eventuell dem Protokollanten mehr Platz einräumen, da dieser zum Schreiben mehr Fläche des Tisches einnimmt.

Bei der Box ist jedoch noch etwas anderes gut zu beobachten: nämlich der Versuch, durch „verschiedene[r] persönliche[r] Maßnahmen" (a.a.O., 62) den exklusiven Anspruch auf eine Mehrpersonenbox „mit Hilfe verschiedener Standardtricks für sich alleine zu reservieren" (ebd.). Ein Beispiel hierfür ist, dass eine Schülerin zu Beginn der ersten Stunde in die noch fast leere Klasse tritt, sich einen Platz an einem Zweiertisch sucht und auch den benachbarten Platz besetzt, indem sie ihren Schulranzen auf dem Stuhl abstellt.

Kasten 8 ▶	Weitere Beispiele: Handtuch am Pool ...

Weitere Beispiele sind: morgens am Pool als Erster sein Handtuch auf eine Liege werfen; im Kino eine Jacke auf den Nebensitz legen; zwei Eimer auf die Straße stellen, damit der Umzugswagen dort parken kann; im Supermarkt schon einmal einen Artikel auf das Band legen, während die Partnerin später mit dem vollen Einkaufswagen anrollt; auf der Autobahn zum Überholen schon mal links rüber ziehen, obwohl der zu Überholende noch weit entfernt ist; das Auto zuerst vor der Waschanlage abstellen und erst danach die Waschkarte kaufen.

Der Ansprucherhebende „kann [...] ihn dadurch als seinen Platz kennzeichnen und so Personen, die sich auf diesen Platz setzen wollen, dazu zwingen,

---

3 Dies lässt sich mit „Mehrdeutigkeit" übersetzen. Man könnte sich z.B. vorstellen, dass ein Schüler, nachdem er einen „Eindringling" bemerkt hat, der an „seinen" Tisch will, sein Etui zur Seite nimmt – was ein Zeichen an den anderen ist, dass er Platz nehmen darf –, aber gleichzeitig ein leises Murren von sich gibt – das Zeichen wird mit einem gegenläufigen Zeichen versehen. Für den Eindringling sieht es so aus, dass ihm Platz gemacht wird, aber er hört auch das leise Murren. Wie soll er jetzt darauf reagieren? Die Situation ist gleichsam in der Schwebe. Er setzt sich hin, und es passiert nichts weiter. Jedoch hallt die Eingangssituation nach.

etwas fortzunehmen (oder darum zu bitten, daß etwas fortgenommen werde), das eine andere Person symbolisiert. Oder er kann sich weigern, jene, die einen Platz suchen, anzublicken, und ihnen dadurch die flüchtige Erlaubnis, die sie aus seinem Blick zu entnehmen suchen, verweigern, was sie dazu veranlassen kann, auf den nächsten freien Platz zuzusteuern" (ebd.). Erst wenn sich die Plätze in der Klasse fast gefüllt haben, gilt auch hier – wie im oben genannten Beispiel des persönlichen Raums –, dass exklusive Ansprüche aufgegeben werden und der Stuhl freigeräumt wird.

(3) Der Benutzungsraum

> Der *Benutzungsraum* ist, wie der Name schon verrät, „das Territorium unmittelbar um oder vor einem Individuum, auf das es einen aufgrund offenbarer instrumenteller Erfordernisse von den anderen anerkannten Anspruch hat" (Goffman 1974, 62).

In einem Klassenraum ist es für die SchülerInnen beispielsweise entscheidend, dass der Benutzungsraum zur Tafel hin ungestört ist. Als Störung dieses Raumes würde es empfunden werden, wenn sich ein sehr großer Schüler in die erste Reihe vor einen deutlich kleineren Schüler setzt und Letzterer durch das versperrte Blickfeld keine Möglichkeit mehr hat, das an die Tafel Geschriebene zu lesen und mitzuschreiben (vgl. a.a.O., 62f.). Entsprechend wird erwartet, dass bei der Sitzplatzsuche auf einen ungestörten Benutzungsraum Rücksicht genommen wird (a.a.O., 63). Das Gleiche gilt auch, wenn beispielsweise eine Schülerin oder ein Schüler durch zu lautes Reden mit der Tischnachbarin die Erklärung der Lehrkraft übertönen würde (vgl. ebd.).

(4) Die Reihenposition

> Die *Reihenposition* ist „die Ordnung, nach der ein Anspruscherhebender in einer bestimmten Situation ein bestimmtes Gut im Verhältnis zu anderen Ansprucherhebenden bekommt. Es handelt sich dabei um eine Entscheidungsregel, die Beteiligten nach Kategorien ordnet (‚Frauen und Kinder zuerst' […]), oder nach Individuen (‚zuerst der Kleinste, dann der Nächstkleinste'), oder gemäß einer Kombination beider Prinzipien" (Goffman 1974, 63).

Es handelt sich um die Ordnung während des Vorgangs des für etwas Anstehens, das meistens in einer Reihe beziehungsweise einer Schlange erfolgt (a.a.O., 65) und die in unterschiedlichen Situationen durch unterschiedliche soziale Regeln bestimmt ist (a.a.O., 64ff.). „In unserer westlichen Gesellschaft ist wohl das wichtigste Prinzip bei der Organisation der Reihenfolge das ‚Wer zuerst kommt, mahlt zuerst', wodurch der Anspruch eines Individuums darauf etabliert wird, unmittelbar nach der Person ‚vor' ihm und direkt vor der Person ‚hinter' ihm an die Reihe zu kommen" (a.a.O., 64).

Die Reihenposition ist jedoch nicht nur durch eine ordnende *Entscheidungsregel* gekennzeichnet, sondern auch durch einen *formellen* oder *informellen* „Beanspruchungsmechanismus" (a.a.O., 65). Um einen *formellen Beanspruchungsmechanismus* handelt es sich beispielsweise bei einer nummerierten (Kino-)Eintrittskarte, um einen *informellen Beanspruchungsmechanismus* dagegen, wenn der Anspruchserhebende nach einer kurzen Anwesenheit auf Dauer keine feste Reihenposition einnehmen muss, sondern lediglich in der Nähe des beanspruchten Gutes zu bleiben braucht und dennoch nicht den Anspruch darauf verliert (ebd.).

Kasten 9 ▶	Beispiel Reihenposition und informeller Beanspruchungsmechanismus

Im Klassenraum ist eine Reihenposition beispielsweise dann zu finden, wenn eine Lehrerin die Schüler zu sich nach vorne an den Tisch bittet, um dort für ein Kennenlernspiel beschriftete Zettel mit unterschiedlichen Fragen zu persönlichen Themen aus einer Schachtel zu ziehen. In den meisten Fällen werden sich die Schüler nach dem ‚Wer zuerst kommt, mahlt zuerst'-Prinzip (a.a.O., 64) in eine Schlange stellen. Hierbei würde ein Schüler – dem informellen Beanspruchungsmechanismus zufolge – auch dann das Anrecht auf seinen errungenen Platz nicht verlieren, wenn er sich wieder kurzzeitig zu seinem Tisch zurück begibt, um beispielsweise die dort liegen gelassene Lesebrille zu holen (vgl. a.a.O., 65). Der Lehrer könnte aber auch einen formellen Beanspruchungsmechanismus nutzen und die Schüler in der Reihenfolge ihrer Nachnamen nach vorne rufen (vgl. ebd.).

(5) Die Hülle

Das Territorium der *Hülle* ist „die Haut, die den Körper schützt, und, in geringem Abstand davon, die Kleider, die die Haut bedecken" (Goffman 1974, 67). Die Hülle ist für Goffman damit nicht nur als kleinstmöglicher persönlicher Raum, sondern auch als „die reinste Form egozentrischer Territorialität" (ebd.) zu sehen, bei der vor allem sensible Stellen wie der Mund oder die Augen beschützt werden, im Gegensatz zu weniger sensiblen, wie beispielsweise die Ellbogen (ebd.).

Beim Anstehen in der Schlange kann es beispielsweise passieren, dass sich zwei SchülerInnen berühren. Während eine leichte Berührung der Arme wahrscheinlich kaum zu einem Rückzugsverhalten führen wird, wird das Zusammenstoßen eines Ellbogens mit dem Bauch der hinter sich stehenden Person sehr viel wahrscheinlicher zu einer Schutzreaktion führen, indem sich die Person entzieht oder durch eine Bemerkung darauf aufmerksam macht (vgl. ebd.).

(6) Das Besitzterritorium

Das *Besitzterritorium* kennzeichnet „eine Reihe von Gegenständen, die als mit dem Selbst identisch betrachtet werden können und die den Körper umgeben, gleichgültig, wo er sich gerade befindet" (Goffman 1974, 67).
Hierbei handelt es sich vor allem um Güter, die der Ansprucherhebende als seinen eigenen Besitz ansieht. Dies bezieht sich laut Goffman sowohl auf tragbare Gegenstände, wie Jacketts, Hüte, Handschuhe oder Handtaschen, als auch auf an einen bestimmten Ort gebundene und temporär nutzbare Güter wie Aschenbecher, Kissen oder Besteck sowie auf Dinge wie die Regulierung der Temperatur oder Luftzufuhr, die mit dem Anspruch der Regulierungshoheit verknüpft sind (a.a.O., 67f.).

Kasten 10 ▶ Beispiele unerlaubter Zugriffe auf Güter

Während die Schüler weiter in der Schlange anstehen, um ihre Fragen für das Kennenlernspiel zu ziehen, bleibt ihr Besitz an ihren Plätzen zurück. Dazu werden die sich auf dem Tisch oder in der Nähe des Tisches befindenden Gegenstände wie Schulhefte, Ordner, Mäppchen, Jacken oder Ranzen gezählt (a.a.O., 67). *Dass das Besitzterritorium über ein Gut von anderen Ansprucherhebenden anerkannt wird*, wird deutlich, wenn der Besitzer erst um Nutzungserlaubnis gefragt wird – etwa wenn sich jemand einen Stift nehmen will. Dies gilt hierbei eben auch, wenn der Besitzer in der Schlange steht und sich damit nicht in unmittelbarer Nähe zu seinem Gut befindet. Ein unerlaubter Zugriff auf das Gut würde durch den Besitzer als ein ungebührliches Eintreten in sein Besitzterritorium gewertet werden.
Als mein Neffe Luis vier Jahre alt war, geschah Folgendes: Die Familie und Freunde lümmeln gemütlich auf dem Küchenboden herum, weil man zusammen das Fußballalbum durchgeht, das Luis stolz durchblättert, um seine Einklebebilder zu zeigen; das Album liegt auf dem Boden. Luis kennt jedes Bild auf jeder Seite auswendig. Plötzlich fragt Luis empört: „Papa, hast du meine Seite umgeblättert?" Dieser verneint. Die gleiche Frage stellt Luis allen Anwesenden; jedoch hat niemand die Seiten berührt. Nur müh-

sam kann Luis beruhigt werden, dass es wohl nur ein Luftzug gewesen war, der die Seite umblätterte.

(7) Das Informationsreservat

> Das *Informationsreservat* kann auch als die ‚Privatsphäre' (Goffman 1974, 68, Fußnote 15) einer Person bezeichnet werden, ist also „die Reihe von Fakten über es selbst, bezüglich derer ein Individuum in Anwesenheit anderer den Zugang zu kontrollieren beansprucht" (a.a.O., 68).

Goffman unterscheidet vier Arten von zu schützenden Informationsreservaten:
1. Beim ersten Typ handelt es sich um den Schutz des Inhalts, des Willens und Denkens einer Person. Fragen zu diesen Bereichen gefährden nach Goffman die Kontrolle darüber und werden als zudringlich und taktlos empfunden.
2. Beim zweiten Typ handelt es sich um den Schutz des Inhalts von persönlich besessenen Gütern wie ein Portemonnaie oder ein Brief. Um ein Eindringen in das Informationsreservat würde es sich also beispielsweise handeln, wenn ein Schüler das Portemonnaie eines anderen Schülers unerlaubt nehmen und den Inhalt herausnehmen und anschauen würde.
3. Der dritte Typ bezieht sich auf die Kontrolle der Offenlegung von biografischen Informationen.
4. Den vierten Typ bildet der Anspruch, den Inhalt dessen, was von einem Menschen wahrgenommen wird, also das Erscheinungsbild, die Gestik oder die Mimik, zu kontrollieren und sich dagegen zu verwahren, deswegen angestarrt oder beobachtet zu werden (ebd.).

Kasten 11 ▶ Zwischen Betrachtetwerden und Angestarrtwerden

„Da das Individuum auch eine Fortbewegungseinheit ist und da die Piloten anderer solcher Einheiten ein Bedürfnis und ein Recht haben, gewisse Informationen über es einzuholen, ist es genötigt, ein hochentwickeltes Wahrnehmungsvermögen für den Unterschied zwischen Betrachtetwerden und Angestarrtwerden herauszubilden. Dabei wird es bald feststellen, daß letzteres durch ersteres verdeckt werden kann, und lernen, sich so zu verhalten, daß andere auf sein Verhalten mit einem reziproken Verhalten ihm gegenüber reagieren. Wo immer wir solche feinen Verhaltensdiskriminierungen bemerken, können wir annehmen, daß hinter dem sich abspielenden Vorgang das Bedürfnis steht, zu gewährleisten, daß zwei verschiedene

> Verhaltenssysteme ohne Zusammenstoß in demselben räumlichen Bereich zu funktionieren vermögen" (a.a.O., 68f.).
> Gerade für eine Lehrerin oder einen Lehrer ist diese Unterscheidung zwischen interessiertem „Betrachtetwerden" (ebd.) und fixierendem „Angestarrtwerden" (ebd.) essenziell, da sie oder er doch oft im Mittelpunkt der Klasse steht und von den SchülerInnen zwar beobachtet, jedoch nicht angestarrt werden möchte (vgl. ebd.). Die SchülerInnen reagieren dementsprechend darauf, indem sie ein Anstarren vermeiden oder es als ein Betrachten tarnen.
> Wenn beispielsweise eine Schülerin die auffällige Nase des neuen Klassenlehrers anstarrt, wird sie, sobald der Klassenlehrer in ihre Richtung schaut, entweder schnell die Blickrichtung ändern oder sogar weiterhin in die Richtung des Lehrers blicken, wobei sie ihren Gesichtsausdruck bewusst verträumt oder interessiert wirken lässt, um den eigentlichen Vorgang zu überdecken. Die Schülerin weiß, dass ihr Starren in das Informationsreservat des Lehrers eindringt, für ihn unangenehm sein und ihn verunsichern oder wütend machen kann. Um eine negative Reaktion des Lehrers zu vermeiden, die auch Folgen für den weiteren Unterrichtsverlauf haben könnte, wendet die Schülerin die Taktik des Verdeckens an, um einen „Zusammenstoß" (ebd.) zu verhindern und um eine reibungslose Fortführung des Unterrichts zu gewährleisten.

Goffman weist zudem für alle Territorien darauf hin, dass bei „gleichbleibendem Schauplatz [...] der Umfang der Reservate je nach Macht und Rang der Individuen höchst verschieden sein" kann (a.a.O., 69f.). „Im allgemeinen gilt: je höher der soziale Status eines Individuums ist, desto größer ist der Umfang der Territorien des Selbst und die Kontrolle über deren Grenzen hinaus" (a.a.O., 70). Beim Informationsreservat können im Schulalltag verletzende Situationen entstehen, wenn biografische Daten im Spiel sind. Beispielsweise wäre es möglich, dass ein Lehrer die Note eines Schülers aus einer angesehenen Arztfamilie nur dann vor der Klasse bei der Rückgabe der Klassenarbeit laut verkündet, wenn diese besonders gut ist. Ein schlechtes Ergebnis würde dagegen nicht kommentiert. Umgekehrt könnte es sich bei einem Schüler aus einer Familie mit arbeitslosen Eltern verhalten, wenn eine für den Schüler beschämende Note vor der ganzen Klasse kommentiert wird (ebd.; vgl. auch Goffmans Beispiel der Behandlungspraxis in einem Krankenhaus).

(8) Das Gesprächsreservat

> Unter *Gesprächsreservat* erfasst Goffman „das Recht eines Individuums, ein gewisses Maß an Kontrolle darüber auszuüben, wer es wann zu einem Gespräch auffordern kann; ferner das Recht einer im Gespräch befindlichen Gruppe von Individuen, nicht durch die Einmischung oder das Mithören anderer Personen behelligt zu werden" (1974, 69).

Um ein Eindringen in ein Gesprächsreservat handelt es sich beispielsweise dann, wenn sich in der Warteschlange vor dem LehrerInnentisch eine Gruppe von SchülerInnen unterhalten würde und ein anderer, in der Nähe stehender Schüler das Gespräch belauscht.

3.4 Fazit zu Goffman

Wenn Individuen miteinander in Interaktion treten, werden *Interaktionsordnungen* erkennbar. In diesen „sozialen Ordnungen" (Goffman 1974, 10f.) strukturieren sich die „wechselseitigen Beziehungen" (Bisler/Klima 2007, 305) nach „gewissen Grundregeln" (Goffman 1974, 10). Mithilfe der *Territorien des Selbst* lassen sich diese Ordnungen erkennen. Goffman differenziert mehrere Arten von Territorien: vom persönlichen Raum bis zum Gesprächsreservat. Die hierbei zu erkennenden Regeln bzw. Normen sind nicht eindeutig und mit einer allumfassenden Gültigkeit festgeschrieben, wie dies beispielsweise anhand des persönlichen Raums aufgezeigt wurde. Dort variiert die Empfindung einer Person darüber, was als Regelverstoß gewertet wird, in Abhängigkeit der jeweiligen Raumverteilung und sozialen Gegebenheiten (vgl. a.a.O., 57).

> Im Sinne des Symbolischen Interaktionismus kann also gesagt werden, dass erst innerhalb der Interaktion darüber entschieden wird, wann eine Regelverletzung vorliegt. Oder anders gesagt: Die soziale Ordnung wird erst „in der Interaktion geschaffen" (Vester 2010, 20).

3.5 Beobachtungen der StudentInnen zu Goffman

Arbeitsgrundlage waren die „Territorien des Selbst" nach Goffman (1974, 54-71). Mit dieser Theoriebrille sollten die Studenten einen Seminarraum einer Universität untersuchen, wobei fünf der acht *Territorien des Selbst* zur Anwendung kommen sollten, was es auf einer Seite darzustellen galt.

Fast alle Gruppen gaben in ihrem Feedback zur Gruppenarbeit an, dass ihnen der Text Goffmans keine Schwierigkeiten bei der Bearbeitung der Aufgabe bereitet habe, sondern einfach zu lesen und zu verstehen gewesen sei. Dies wird auf die „klare Strukturierung" (Gruppe 5) des Textes zurückgeführt. Goffman habe den Text „durch seine Überschriften sehr gut strukturiert" (Gruppe 3) und jeden Begriff gut durch eine Definition eingeleitet (Gruppe 6). Gesteigert würde das Textverständnis auch dadurch, dass Goffman „Theorien, die er aufstellt, generell mit mehr oder weniger detailliert beschriebenen Beispielen erläutert, was stark zum Verständnis der Aussagen führt" (Gruppe 2); „uns gefiel vor allem der Bezug zum Alltag, der fast den kompletten Text durchzog" (Gruppe 4). Dieser Alltagsbezug von Goffmans Beispielen erleichterte es den Gruppen deutlich, eigene Diskussionen über den Text zu führen sowie einfach und schnell eigene Beispiele zur Beantwortung der Aufgabenstellung zu finden (Gruppe 2).

Trotz dieser positiven Gesamtbewertungen wurde im Verlauf der Gruppenfeedbacks auch auf Textschwierigkeiten verwiesen – die mit bestimmten Lese-Strategien gelöst wurden:

So gab es beispielsweise für Gruppe 1 Unklarheiten bei den Begriffen „Ambiguität" (Goffman 1974, 62) und „reziprok" (a.a.O., 69). Beide Begriffe wurden mit Hilfe des *Wikipedia*-Onlinelexikons[4] nachgeschlagen. Gruppe 3 und 4 berichteten von einer Verständnisschwierigkeit, die bei folgendem verschachtelten Satz auftrat: „Aus der Tatsache, daß man damit rechnen kann, daß Individuen Situationen meiden, in denen sie von jemand anderem belästigt werden oder umgekehrt ihn belästigen könnten, folgt, daß sie durch ihn kontrolliert werden können, wenn er bereit ist, gezielt die Situation herzustellen, die die anderen zu vermeiden suchen und durch deren Vermeidung sie in die von ihm gewünschte Richtung gelenkt werden können" (Goffman 1974, 57). Gruppe 3 rät dazu, „den Satz zu stückeln (nach Kommas) und Stück für Stück die Bedeutung herauszufiltern".

Bei anderen, ebenfalls als schwierig empfundenen Textstellen bestand die Lösungsstrategie darin, die Textstelle zu überspringen beziehungsweise nach kurzer Diskussion für die Beantwortung der Arbeitsaufgabe als nicht relevant einzustufen.

Eine ausführliche Selbstbeobachtung einer Gruppenarbeit zeigt, wie die Gruppen sich zu helfen wissen. Dies lässt sich als Tipps von Studenten für Studenten verstehen:

---

4 Nota bene: Wikipedia sollte in jedem Fall nur zur allerersten Recherche dienen. Es stellt keine wissenschaftliche Quelle dar, so dass es auch nicht als Grundlage wissenschaftlicher Arbeiten dienen kann.

Kasten 12 ▶ Wie knacken Studenten Goffman?

„Beim eigentlichen Lesen der Lektüren hat jedes Gruppenmitglied auf seine individuellen Techniken zurückgegriffen, um sich den Inhalt und die Hauptaussagen verständlich zu machen. Gleichzeitig jedoch las jeder den Text auch in Hinblick darauf, welche Textpassagen besonders aussagekräftig sind oder sich besonders gut dafür eignen, in unseren Ergebnisseiten zitiert zu werden".

Die Gruppe erklärt, „dass es sehr hilfreich ist, auf solche besonders brauchbaren Stellen zu achten und sie beim Lesen zu markieren. Es erleichterte uns generell, bei der Formulierung unserer Ergebnisseiten schnell und effektiv einen Bezug zu unseren Quellen herzustellen, da wir nicht erst lange suchen mussten, um geeignete Stellen zu finden. Dieses Prinzip stellt für unsere Gruppe das wichtigste bei der Bearbeitung der Aufgabe dar, also herauszufiltern, welche Textpassagen für die Beantwortung der Aufgabe von Bedeutung sind und welche nicht".

Zu Beginn der Aufgabenbearbeitung wurden die einzeln erarbeiteten Inhalte in der Gruppe zusammengetragen. Hierbei „ging (es) in diesem Stadium mehr darum, einen Überblick über die Texte zu bekommen und uns darüber zu informieren, wie die anderen Gruppenmitglieder die Inhalte verstanden hatten". Nach dieser einführenden Runde, die die Aufgabenstellung noch nicht mit einbezog, folgte eine zweite. Nun ging es darum, mit Blick auf die Aufgabenstellung gezielt Inhalte herauszufiltern. Sich an der Textstruktur Goffmans orientierend, wurden einzelne Territorien betrachtet. Dabei wurde jeweils zuerst die von Goffman vorangestellten Definitionen und anschließend seine Beispiele genutzt, um eigene Ideen zu erarbeiten. Gerade hier zeigte sich für die Gruppe der Gewinn der Gruppen- gegenüber der Einzelarbeit, da die Diskussionen sehr dabei geholfen haben, Textschwierigkeiten zu überwinden und viele Ideen für eigene Beispiele zu sammeln.

Für die Formulierung der Ergebnisseite legte Gruppe B den Text Goffmans anschließend zur Seite und versuchte, in eigenen Worten knappe und präzise Formulierungen zu finden: „Dies nutzte uns in zweierlei Hinsicht – einerseits zeigte es uns, ob wir wirklich verstanden hatten, was Goffman aussagt, und andererseits konnten wir eben dieses Selbstformulierte als Beschreibung des jeweiligen Raumes auf unserer Ergebnisseite benutzen, wobei wir hier natürlich noch einiges so abänderten, dass wir Zitate des Autors einbringen konnten, wo es sich anbot und sinnvoll war".

3.6 Kommentare zu den Beobachtungen der StudentInnen

Die von den Gruppen verfassten Feedbacks geben einen Einblick in ihre Arbeit. Die Mitglieder sind in der Lage, einzelne Arbeits- und Diskussionsschritte zu differenzieren. Meistens werden mehrere Strategien eingesetzt; auch Strategieänderungen finden sich – wenn etwas nicht richtig zwischen den Mitgliedern klappt, wird die Strategie gewechselt. Wichtig ist, die Arbeitsteilung immer mit allen abzusprechen – das formt die Gruppe.

Inhaltlich liegt die Crux bei Goffman darin, dass die „oft ausführlichen Zitate (und) leichte, beinahe hingehauchte Darstellung [...] über den theoretischen Gehalt seiner Studie" hinwegtäuscht, wie Dahrendorf (1969, IX) in seiner Einleitung zu Goffmans Buch „Wir alle spielen Theater" bemerkt. Auch die Studenten berichten, dass sie erst in der Gruppendiskussion (!) und bei genauerem Hinsehen über Unklarheiten und Widersprüche gestolpert sind, was eine tiefere Auseinandersetzung mit dem Text verlangte – die dann auch in den Gruppen geleistet wurde. Kurz: Die Gruppen sind schlau genug, nicht zu verzweifeln, wenn sich die „einfachen" Texte von Goffman beim genaueren Lesen als komplizierter erweisen.

3.7 Wie wird Goffman weiter verwendet?

Bezüge zu Erving Goffman haben derart viele SoziologInnen, dass es einfacher wäre, diejenigen anzugeben, die sich nicht auf ihn stützen. Dies würde jedoch nicht gut die Profilbildung deutlich machen, die Goffmans Denken erlaubt.

Aus diesen Gründen seien nachfolgend nur pauschal besonders auffällige Anschlüsse genannt, also Theorie- und Forschungsrichtungen, die sich besonders stark auf Goffman stützen:

- Beispielsweise wenden Herbert Willems und andere AutorInnen Goffmans Beobachtungen zur Selbstdarstellung und Inszenierung auf gesellschaftliche Bereiche an, die Goffman zu seiner Zeit noch nicht richtig im Blick haben konnte, z.B. neue Medien (vgl. Willems/Jurga 1998).
- Des Weiteren wird die Theatermetaphorik von Goffman, die dieser auch selbst schon für Kenzeichnungen der Gesellschaft und von Interaktionen benutzte, ebenfalls auf spezielle Teilbereiche der Gesellschaft angewendet, so z.B. auf eine „Theatralität der Werbung" (vgl. Willems/Kautt 2003).
- Goffman ist mit seiner speziellen Art des Fragens und des Beobachtens auch als Forschungsstil in die qualitative Forschung eingegangen (vgl. Flick/Kardorff/Steinke 2000, Kap. 2.2).

3.8 Literatur

Literaturempfehlungen

Goffman, Erving (2009): Wir alle spielen Theater. Die Selbstdarstellung im Alltag. München: Piper.
Goffman, Erving (1974): Das Individuum im öffentlichen Austausch. Mikrostudien zur öffentlichen Ordnung. Frankfurt: Suhrkamp.
Vester, Heinz-Günther (2010): Erving Goffman (1922-1982). In: ders.: Kompendium der Soziologie III: Neuere soziologische Theorien. Wiesbaden: VS, 17-36.

Literaturverzeichnis

Bisler, Wolfgang/Klima, Rolf (2007): Interaktion, soziale. In: Fuchs-Heinritz, Werner et al. (Hrsg.): Lexikon zur Soziologie. Wiesbaden: VS, 305.
Brüsemeister, Thomas (2008): Ethnomethodologische Konversationsanalyse. In: ders.: Qualitative Methoden. Ein Überblick. Wiesbaden: VS, S. 185-198.
Dahrendorf, Ralf (1969): Vorwort. In: Goffman, Erving (2009): Wir alle spielen Theater. Die Selbstdarstellung im Alltag. München: Piper, S. VII-X.
Flick, Uwe/von Kardorff, Ernst/Steinke, Ines (2000): Qualitative Forschung. Ein Handbuch. Reinbek bei Hamburg: Rowohlt.
Vester, Heinz-Günther (2009): George Herbert Mead (1863-1931). In: ders.: Kompendium der Soziologie II: Die Klassiker. Wiesbaden: VS, 135-148.
Willems, Herbert/Kautt, York (2003): Theatralität der Werbung. Theorie und Analyse massenmedialer Wirklichkeit: Zur kulturellen Konstruktion von Identitäten. Berlin: Gruyter.
Willems, Herbert/Jurga, Martin (Hg.) (1998): Inszenierungsgesellschaft. Ein einführendes Handbuch. Opladen: Westdeutscher Verlag.

4 Honneth: Missachtungen /
Schimank: Identitätsbehauptung

Abstract

Der erste Teil dieses Kapitels widmet sich Missachtungen, die Individuen erleben. Ausgehend von Überlegungen von Axel Honneth wird gezeigt, wie Individuen in Folter, Entrechtung und Entwürdigung eine Degradation erfahren. Diese eröffnen einen Blick auf die Bedingungen von Individuierung und Vergesellschaftung. Missachtungen können damit Prozesse einleiten, an deren Ende die Akteure mehr über sich und ihre Abhängigkeit von der Gesellschaft erfahren.
Die in Abschnitt 4.1 vorgestellten Missachtungen sind kein ausgearbeitetes Handlungsmodell in der Soziologie. Sie lassen aber – analytisch gesehen – ernsthafte Bedrohungen der Identität erkennen, gegen die sich dann ein „Identitätsbehaupter" zur Wehr setzt. Kapitel 4.2 widmet sich entsprechend der *Behauptung der eigenen Identität als Handlungsantrieb*. Das Modell des Identitätsbehaupters ist kein fertig ausgearbeitetes soziologisches Akteurmodell, so Uwe Schimank (2010, 143), den wir in Abschnitt 4.2 referieren. Dennoch ist das Modell so weit konturiert, dass es sich gesondert hervorheben lässt. Schimank greift hierbei auf Identität bezogene Aspekte aus dem Symbolischen Interaktionismus und insbesondere von Erving Goffman auf.
Prof. Dr. Axel Honneth, geboren 1949, ist seit 2001 geschäftsführender Direktor des Instituts für Sozialforschung, Frankfurt am Main.
Prof. Dr. Uwe Schimank wurde 1955 geboren, studierte Soziologie und ist seit 2009 Inhaber des Lehrstuhls für „soziologische Theorie" an der Universität Bremen.

4.1 Honneth: Missachtungen

Soziale Scham nach Simmel
In der modernen Gesellschaft ist der Einzelne mit zahlreichen Herausforderungen für seine Identität konfrontiert. Probleme der Identität wurden bereits von einem Klassiker und Begründer der Soziologie, nämlich von Georg Simmel (1858-1918), im Zusammenhang mit dem Phänomen der sozialen Scham angesprochen.

Scham beinhaltet Simmel zufolge ein Doppeltes: „Will man das besonders Peinigende des Schamgefühls in abstrakten Begriffen auseinanderlegen, so scheint es in dem Hin- und Hergerissenwerden zwischen der Exaggeration des Ich, dadurch, daß es ein Aufmerksamkeitszentrum ist, und der Herabsetzung zu bestehen, die es in seinem gleichzeitigen Manko gegenüber der vollständigen und normativen Idee seiner selbst fühlt" (Simmel 1992, 142). In der Scham fühlen sich Akteure in der Aufmerksamkeit anderer, so Simmel, hervorgehoben und zugleich herabgesetzt.

Die Betroffenen machen sich selbst für die Verletzung von Normen verantwortlich, da sie von ihren Ich-Idealen aus gesehen an diese Normen gebunden sind (vgl. a.a.O., 141). Mit der Scham gerät das Verhalten in einer Situation im Vergleich zu einem Verhalten nach einer idealen Norm in die Aufmerksamkeit.

Kasten 1 ▶	Beispiel: Schamreaktionen nach der Wende in Ostdeutschland

Dazu nennt Sighard Neckel ein Beispiel: Schamreaktionen gehörten für Ostdeutsche nach der Wende im direkten Kontakt mit westlichen Nachbarn zu ersten Erfahrungen: „In den langen Schlangen des Begrüßungsgeldes konnte man der Empfindung gewahr werden, daß es auch etwas Beschämendes hat, als erwachsener Mensch für 100,- DM anstehen zu müssen, um sich in der neu eroberten Freiheit eine Kleinigkeit kaufen zu dürfen. Das eigene Geld war hier nun wertlos, und mit ihm auch die Arbeit, durch die man es sich verdient hatte. [...] Inferioritätsgefühle hatte es [...] in der DDR schon länger gegeben, nur konnten sie im Blick nach Osten kompensiert werden. Jetzt aber, nach dem 9. November, wurde der Bezugsrahmen der Selbsteinschätzung grundsätzlich verändert. Eine Kluft des materiellen Wohlstandes tat sich auf, auf die die Bewohner der DDR zunächst mit großer Irritation reagierten: Viele wußten überhaupt nicht, was sie von ihrem Begrüßungsgeld kaufen sollten" (Neckel 1991, 12f.). Mit der Scham geriet das eigene Leben sowie die Lebensweise der Westdeutschen in eine vergleichende Aufmerksamkeit: „In dieser Phase der Selbstbesinnung, in der man auf das, was war, im Lichte dessen zurückschaute, was jetzt vor Augen stand, stieg bei vielen das Gefühl auf, mit einer Entwertung der eigenen Geschichte konfrontiert zu sein" (a.a.O., 13). Neckel skizziert eine Konfrontation von Ostdeutschen mit den „anderen" Deutschen nach dem Mauerfall 1989. Möglichkeiten zum Erkennen von Unterschieden gab es zwar auch davor. Doch erst danach werden Situationen selbstverständlicher, in denen die aufmerksamen Blicke der anderen auch unmittelbar

> erlebt werden können. Dies ist Bedingung für die Wahrnehmung einer Herauf- und gleichzeitigen Herabsetzung des eigenen Selbst.

Aus diesem Beispiel wird erkennbar, dass sich die Soziologie der Scham mit der „inneren Situation" (Simmel 1992, 142) von Akteuren und der Aufmerksamkeit der Akteure auf die Sozialstruktur beschäftigt. Beide Seiten werden als zusammenhängend gesehen.[1]

Missachtungen der Kultur nach Axel Honneth
Der Zusammenhang von innerem Erleben und Sozialstruktur ist nach Axel Honneth schon in der Philosophie der bürgerlichen Aufklärung zentrales Thema. Georg F.W. Hegel (1770-1831), der hier angesprochen ist, untersucht diesen Zusammenhang am Beispiel der Armut. Sie sei „ein Zustand in der bürgerlichen Gesellschaft, der nach jeder Seite hin unglücklich und verlassen ist. Nicht nur die äußere Not ist es, die auf dem Armen lastet, sondern es gesellt sich dazu auch moralische Degradation. Den Armen fehlt so größtenteils der Trost der Religion" (Hegel 1983, 194). Dieser Zustand ist nach Hegel ein Durchgangsstadium. Zunächst verschlimmert sich der Zustand des Armen, er „fühlt sich von allem ausgeschlossen und verhöhnt, und es entsteht notwendig eine innere Empörung" (a.a.O., 195).

> Diese richtet sich aber nicht nur auf gesellschaftliche Ursachen, sondern auch auf die eigene innere Verfassung. Die Empörung leitet nach Hegel einen Bewusstseinsprozess ein.
> Der Betroffene „hat das Bewußtsein als eines Unendlichen, Freien. [...] Der Arme fühlt sich als sich verhaltend zur Willkür, zur menschlichen Zufälligkeit, und dies ist das Empörende in der letzten Analyse, daß er durch die Willkür in diesen Zwiespalt gesetzt ist. Das Selbstbewußtsein erscheint zu dieser Spitze getrieben, wo es keine Rechte mehr hat, wo die Freiheit kein Dasein hat" (ebd.).

---

1 Ähnlich interessieren Erving Goffman Verbindungen von inneren und äußeren Situationen über Prozesse der Aufmerksamkeit. Die „normale" Situation zeichnet sich Goffman zufolge durch „ein gemeinsames Zentrum visueller und kognitiver Aufmerksamkeit" aus (Goffman 1991, 159). Durch unangemessene Aufmerksamkeit, in der sich Akteure zu stark auf sich selbst oder auf Dinge außerhalb der Situation fokussieren, werden Situationen transformiert (vgl. a.a.O., 128ff.; sowie Kap. 3 hier im Buch).

Für Hegel provoziert der Ausschluss aus der bürgerlichen Gesellschaft und ihren Rechten ein Reflexionspotenzial (Schimank 1985, 457), welches einen Blick auf vormalige Bindungen an die Gesellschaft eröffnet. Das Gefühl der Trostlosigkeit, das den Armen betrifft, qualifiziert sowohl eine Wahrnehmung des eigenen Selbst als auch seine (bedrohte) sozialstrukturelle Positionen.

> **Kasten 2 ▶   Das Gefühl, auf die Gesellschaft angewiesen zu sein**
>
> Der Arme weiß und fühlt, dass seine gesellschaftlichen Beziehungen gleichsam eingefroren sind. Das entstehende Gefühl der Trostlosigkeit ist hierbei eine Verbindung, ein „Nexus zwischen Individuum und sozialer Struktur" (Neckel 1993, 131).
> Nach Axel Honneth skizziert Hegel mit der moralischen Degradation einen sittlichen Bildungsprozess (Honneth 1989, 567). Aus Konflikten geht die schmerzhafte Einsicht hervor, auf die Gesellschaft angewiesen zu sein.

Die Bedeutung des gesellschaftlichen Zusammenhalts eröffnet nicht nur der Arme, sondern auch der Verbrecher. Der Verbrecher „macht dadurch, daß er die Personen zunächst in ihren formellen Rechten und anschließend in ihrer persönlichen Integrität verletzt, die Abhängigkeit der besonderen Identität jedes Einzelnen von der Gemeinschaft mit allen anderen zum Gegenstand eines allgemeinen Wissens" (ebd.). Die vom Armen und von Verbrechensopfern erfahrene Degradation eröffnet einen Blick auf die Bedingungen von Individuierung und Vergesellschaftung, leitet damit einen Prozess ein, an deren Ende die Akteure mehr über sich erfahren als zuvor. Nach Hegels Überlegungen ist der soziale Konflikt, wie er sich in Reaktionen wie Scham und Empörung äußert, ein Bildungsgeschehen, der Einsichten in die „normative Binnenstruktur einer Gesellschaft" (Neckel 1991, 232) eröffnet.

Entlang dieser Überlegungen untersucht Honneth weitere gefühlsbesetzte soziale Konflikte:

a) Folter und Vergewaltigung

Folter und Vergewaltigung seien erste, fundamentale Missachtungen persönlicher Integrität: „jene Formen der praktischen Mißhandlung, in denen einem Menschen alle Möglichkeiten der freien Verfügung über seinen Körper gewaltsam entzogen werden, stellen die elementarste Art einer persönlichen Erniedrigung dar" (Honneth 1992, 214).

Denn die Missachtung des Körpers greift zugleich in geistig-praktische Beziehungen eines Menschen zu sich selbst ein, die nun vom Willen eines anderen dominiert sind (vgl. ebd.). Entzogen werde „die selbstverständliche Respektierung jener autonomen Verfügung über den eigenen Leib, die ihrerseits durch Erfahrungen der emotionalen Zuwendung in der Sozialisation erst erworben worden ist; die gelungene Integration von leiblichen und seelischen Verhaltensqualitäten wird gewissermaßen nachträglich von außen aufgebrochen und dadurch die elementarste Form der praktischen Selbstbeziehung, das Vertrauen in sich selber, nachhaltig zerstört" (a.a.O., 215f.). Aus Folter und Vergewaltigung folge „ein dramatischer Zusammenbruch des Vertrauens in die Zuverlässigkeit der sozialen Welt und damit der eigenen Selbstsicherheit".[2]

b) Entrechtung

Eine weitere Form von Missachtung erkennt Honneth in gefühlsbesetzten Zuständen der Inferiorität, die daraus resultieren, wenn ein Individuum „vom Besitz bestimmter Rechte innerhalb einer Gesellschaft strukturell ausgeschlossen bleibt" (a.a.O., 215). Unter Rechten versteht Honneth „Ansprüche [...], auf deren soziale Erfüllung eine Person legitimerweise rechnen kann, weil sie als das vollwertige Mitglied eines Gemeinwesens an deren institutioneller Ordnung gleichberechtigt partizipiert" (a.a.O, 215f.). Honneth sieht Rechte also in ihren Folgen für die individuelle Selbstwahrnehmung. Werden einer Person „gewisse Rechte [...] systematisch vorenthalten, dann ist damit implizit auch die Aussage verknüpft, daß ihr nicht in demselben Maße wie den anderen Gesellschaftsmitgliedern moralische Zurechnungsfähigkeit zugebilligt wird" (a.a.O., 216).

Individuen können auf den Ausschluss oder die Vorenthaltung von Rechten empfindlich reagieren, da damit angezeigt ist, dass sie nicht den „Status eines vollwertigen, moralisch gleichberechtigten Interaktionspartners [...] besitzen" (ebd.). Verletzt werde die „kognitive Achtung einer moralischen Zurechnungsfähigkeit, die ihrerseits erst in Prozessen der sozialisatorischen Interaktion mühsam erworben werden muß".[3] Sozialisatorisch erworbene Kompetenzen

---

2 A.a.O., 215. Zu den selbstdestruktiven Folgen von sexueller Nötigung und Vergewaltigung vgl. Eckhardt 1994, 114ff.

3 Ebd. Honneth zielt auf ein kommunikationstheoretisches Verständnis des modernen Rechts im Anschluss an Habermas. Letzterer sieht die „faktischen Voraussetzungen für den Status von Rechtspersonen" (Habermas 1992, 492) darin, wenn sie sich „zugleich als Autoren des Rechts verstehen dürfen, dem sie als Adressaten unterworfen sind [...]. Eine Rechtsordnung ist in dem Maße legitim, wie sie die gleichursprünglich private und staatsbürgerliche Autonomie ihrer Bürger gleichmäßig sichert; aber zugleich verdankt sie ihre Legitimität den Formen

sind im kognitiven und moralischen Sinn bei der Behandlung von Rechtsfragen vorausgesetzt.

> **Kasten 3 ▶ Die Achtung aller: Bezug zu Mead**
>
> Weil in dieser sozialisations- bzw. kommunikationstheoretischen Fassung des modernen Rechts Rechtsnormen auf ein „zur moralischen Urteilsbildung fähiges Subjekt" (ebd.) verweisen, ist es umgekehrt möglich, die Entrechtung in ihren Folgen für das Selbsterleben zu untersuchen. Rechte beinhalten sozialstrukturelle Kompetenzen, symbolisieren aber kommunikativ gesehen noch etwas anderes, nämlich eine Selbstachtung: „weil individuelle Rechte zu besitzen bedeutet, sozial akzeptierte Ansprüche stellen zu können, statten sie das einzelne Subjekt mit der Chance zu einer legitimen Aktivität aus, anhand derer es sich selber vor Augen führen kann, daß es die Achtung aller anderen genießt" (a.a.O., 194). Honneth formuliert dies im Anschluss an das Modell der Perspektivenübernahme von Georg H. Mead (1988, 194-206; siehe hier im Buch Kapitel 2):
> „Es ist der öffentliche Charakter, den Rechte dadurch besitzen, daß sie ihrem Träger zu einem von den Interaktionspartnern wahrnehmbaren Handeln ermächtigen, was ihm die Kraft verleiht, die Ausbildung von Selbstachtung zu ermöglichen; denn mit der fakultativen Aktivität des Einklagens von Rechten ist dem Einzelnen ein symbolisches Ausdrucksmittel an die Hand gegeben, dessen soziale Wirksamkeit ihm stets wieder demonstrieren kann, daß er als moralisch zurechnungsfähige Person allgemeine Anerkennung findet" (Honneth 1992, 194).

Aus Meads Konzept des verallgemeinerten Anderen kann Honneth ein im Ansatz kommunikationstheoretisches Rechtsverständnis ableiten, das sich differenzieren lässt als je individuelle, zugleich gegenseitige Verpflichtung von Akteuren: „sich wechselseitig als Rechtspersonen anzuerkennen heißt, daß [...] Subjekte in ihr eigenes Handeln kontrollierend jenen gemeinschaftlichen Willen einbeziehen, der in den intersubjektiv anerkannten Normen ihrer Gesellschaft verkörpert ist. Mit der gemeinsamen Übernahme der normativen

---

der Kommunikation, in denen sich diese Autonomie allein äußern und bewähren kann. Das ist der Schlüssel zu einem proceduralistischen Rechtsverständnis" (a.a.O., 492f.; Herv. i.O.). Habermas ist im expliziten Anschluss an Honneth der Meinung, dass die Entwicklung rechtlicher Gleichstellungsbemühungen motiviert ist „durch das Leiden an und die Empörung gegen konkrete Missachtung" (a.a.O., 514).

Perspektive des ‚generalisierten Anderen' wissen die Interaktionspartner [...] reziprok, welche Verpflichtungen sie den jeweils Anderen gegenüber einzuhalten haben; dementsprechend können sie sich [...] umgekehrt auch als Träger von individuellen Ansprüchen begreifen" (a.a.O., 129).

c) Entwürdigung

> Von der Entrechtung unterscheidet Honneth als weitere Form von Missachtungen die „Herabwürdigung von individuellen und kollektiven Lebensweisen" (a.a.O., 217), die umgangssprachlich als Beleidigung oder Entwürdigung bezeichnet sind (vgl. ebd.): „Mit der ‚Ehre', der ‚Würde' oder, modern gesprochen dem Status einer Person ist [...] das Maß an sozialer Wertschätzung gemeint, das ihrer Art der Selbstverwirklichung im kulturellen Überlieferungshorizont einer Gesellschaft zugebilligt wird; ist nun diese gesellschaftliche Werthierarchie so beschaffen, daß sie einzelne Lebensformen und Überzeugungsweisen als minderwertig oder mangelhaft herabstuft, dann nimmt sie den davon betroffenen Subjekten jede Möglichkeit, ihren eigenen Fähigkeiten einen sozialen Wert beizumessen" (ebd.).

Wie schon in den beiden ersten Formen der Missachtung lässt sich auch die Entwürdigung in Bezug auf die Kommunikation untersuchen, die die Betroffenen danach noch mit sich sowie ihrer Umwelt zu führen in der Lage sind. Weil die Vorenthaltung bzw. die Verletzung sozialer Wertschätzungen unmittelbar kognitiv sowie emotional erlebt – das heißt erlitten – wird, spricht Honneth von einer „evaluative[n] Degradierung" (ebd.). Mit der Entwürdigung wird „bestimmten Mustern der Selbstverwirklichung" (ebd.) Wert abgesprochen.

> War in der Entrechtung der Persönlichkeit mittelbar, symbolisch, eine Kompetenz aberkannt, so sind in Beleidigung und Entwürdigung Individuen direkt oder als Angehörige von Kollektiven in Frage gestellt.

Gerade in individualisierten Gesellschaften, die zu einer selbstverantwortlichen Lebensführung aufrufen[4], können die genannten Formen der Missachtung einen „Verlust an persönlicher Selbstschätzung" (ebd.) beinhalten. Weil auch die Individualisierung und Biografisierung (Fuchs 1983) des eigenen Lebens sozialisatorisch voraussetzungsvoll sind, zum Beispiel ein Vertrauen in eigene Fähigkeit erfordern, beziehen sich Missachtungen nicht nur auf äußere Statusmerkmale, sondern den enkulturierten ‚ganzen Menschen' (Simmel 1992, 143).

---

4 Vgl. ebd. Dies im Unterschied zu ständischen Ehrvorstellungen; vgl. ebd., 199, sowie Kluth 1957; Korff 1966.

> Beleidigung und Entwürdigung führen zu einer „kulturellen Degradierung" (Honneth 1992, 217), da die sozialisatorischen Voraussetzungen der eigenen Individualität in Frage gestellt sind: „Was [...] der Person durch Mißachtung an Anerkennung entzogen wird, ist die soziale Zustimmung zu einer Form von Selbstverwirklichung, zu der sie selber erst mit Hilfe der Ermutigung durch Gruppensolidaritäten beschwerlich hat finden müssen" (ebd.). Beleidigung und Entwürdigung führen offensichtlich zu einem Zustand des Aufgewühltseins/Erregung, der einen Blick auf die intersubjektiven Voraussetzungen der eigenen Gewordenheit provoziert.

Dass die Betroffenen überhaupt eine kulturelle Degradation als schmerzhafte Heraushebung ihres Selbst erleben, setzt eine erlernte Handhabung kognitiver sowie emotionaler Fähigkeiten voraus. Zugleich wird erlebt, dass diese Voraussetzungen in Frage gestellt sind. Auf dem Spiel stehen intersubjektive Bedingungen der Individualität.

Entscheidend ist nun, dass die zwei Dimensionen des konflikthaften Bildungsgeschehens, also Selbstbeziehungen und deren gesellschaftliche Voraussetzungen[5], sich in ihrem Zusammenhang überhaupt nur anhand der heftigen, affektbesetzten Reaktionen beobachten lassen, die in der Folge von Missachtungen auftreten. Selbstbeziehungen und deren gesellschaftliche Voraussetzungen werden zu einer wahrnehmbaren Größe, wenn „Subjekte [...] in sichtbarer Weise leiden" (a.a.O., 195). Auf die „faktische Existenz von Selbstachtung" und Selbstschätzung sei „stets nur indirekt" zu schließen.[6]

Aus Missachtungen gehen Honneth zufolge „emotionale[n] Erregungen" (a.a.O., 222) hervor, „mit denen Menschen reagieren, wenn sie einen unvorhergesehenen Rückstoß ihres Handelns aufgrund der Verletzung normativer Verhaltenserwartungen erleben" (ebd.).

Wichtig sei, ob die Gefühlsreaktionen durch das tätige Subjekt selbst oder aber durch andere verursacht wird (vgl. ebd.). Im ersten Fall entstehen wie in der Scham oder bei Schuldgefühlen verminderte Selbstwertgefühle (vgl. ebd.); „im zweiten Fall Affekte der moralischen Empörung, mit denen die Person den Rückstoß ihrer Handlungen erlebt" (ebd.).

---

5 Honneth (1992, 114ff.) diskutiert sie ausgehend von Mead.
6 Ebd. Im Prinzip nimmt Honneth damit eine ethnografische Erkenntnishaltung ein. Wie Garfinkel in seinen Krisenexperimenten zeigt (vgl. hier im Buch Kapitel 5), werden Konstitutionsregeln des Zusammenlebens beobachtbar, wenn sie gestört sind.

Kasten 4 ▶	Unterschiede zwischen Scham und Empörung

Honneth kennzeichnet mit Scham und Empörung zwei von Grund auf verschiedene Reaktionsweisen auf Missachtungen. Sie unterscheiden sich durch „Selbstverursachung oder Fremdverschulden" (a.a.O., 223). In der Scham erleben die Betroffenen Konflikte, weil sie selbst Normen verletzt haben, denen gegenüber zugleich eine individuelle Verpflichtung besteht (vgl. ebd.). Auch in der Empörung über das Verhalten anderer sind Individuen in ihren Selbstverhältnissen betroffen. In diesem Fall ist jedoch der Konflikt gleichsam nach außen gewendet. In Empörung reagieren Individuen auf eine „Krise in der Kommunikation" (ebd.). Das Subjekt werde „von einer Empfindung mangelnden Selbstwertes niedergedrückt, weil seine Interaktionspartner [...] Normen verletzen, deren Einhaltung es als die Person haben gelten lassen, die es seinen Ichidealen gemäß zu sein wünscht" (ebd.). In Mitleidenschaft gezogen ist ein spezifisches Persönlichkeitsbild, das die Betreffenden in ihrer inneren Kommunikation mit sich selbst sowie im Dialog mit anderen zuvor voraussetzten. Wie stark auch ein reaktives Erleiden im Zusammenhang mit solchen Störungen der Interaktion sein kann, so entsteht aufgrund der sichtbaren Fremdverursachung eine andere Ausgangslage für die Problembewältigung als in der selbstverschuldeten, „inneren" Scham.[7] Die Empörung berührt Interaktionsbeziehungen, eine plötzlich entstehende Asymmetrie.[8]

Während in der Scham eine Differenz zwischen Ich-Ideal und eigenem situativem Verhalten erlebt wird, haben Empörungen eine Differenz von Selbst- und Fremderwartungen zur Grundlage. Wesentlich für beide Reaktionsweisen ist jedoch eine Störung habitualisierten Handelns (vgl. auch Kap. 7). Im Reagieren auf Missachtungen geraten Kognitionen wie Gefühle gleichsam in Aufruhr, was ein Weiterhandeln verhindert. Gefühle entstehen „im Rückstoß des Erfolges oder Misserfolges unserer Handlungsabsichten" (a.a.O., 221).

---

7 Die Empörung lässt sich deshalb mit den Mitteln untersuchen, die auch gegenüber „normaler" Kommunikation zur Anwendung kommen, so z.B. unter dem Aspekt eines öffentlichen und deshalb auch – nicht nur von den Empörten selbst – instrumentalisierbaren Diskurses. Das heißt: Empörungen (wie auch allgemein das Leiden) besitzen zwar eine moralische Autorität (vgl. Moore 1987, Kap. 2). Im öffentlichen Diskurs kann die Empörung jedoch ebenso repressiv (vgl. a.a.O., Kap. 12) wie auch enteignet werden (vgl. a.a.O., 659ff.).
8 Vgl. Gouldner 1984, 118ff.; Watzlawick/Beavin/Jackson 1996, 103ff.

> **Kasten 5 ▶** Axel Honneth verfolgt mit Dewey und Mead eine interaktions- und handlungstheoretische Grundlegung von Emotionen
>
> Leibgebundene Erregungszustände – wie z.B. Wut, Empörung, Trauer – stellen „die affektive Seite jener Aufmerksamkeitsverlagerung" dar (ebd.), die in dem Moment eintrete, „in dem für eine vollzogene Handlung der geplante Anschluß nicht gefunden werden kann" (ebd.). Gefühle treten „überhaupt nur in positiver oder negativer Abhängigkeit von Handlungsvollzügen" auf (ebd.).

Ausgehend von diesem Modell der Emotionen will Honneth Arten von konflikthaften Selbst- und Umwelterlebnissen genauer unterscheiden, die habitualisiertes Handeln blockieren. „Weil derartige Störungen oder Mißerfolge sich jeweils an den Erwartungshaltungen ermessen, die dem Handlungsvollzug orientierend vorauslaufen, bietet sich eine erste, grobe Unterteilung anhand von zwei unterschiedlichen Typen von Erwartungen an: auf Hindernisse kann das routinisierte Handeln der Menschen entweder im Bezugsrahmen von instrumentalen Erfolgserwartungen oder im Bezugsrahmen von normativen Verhaltenserwartungen stoßen" (ebd.). Scheitern erfolgsorientierte Handlungen, so führe dies zu „‚technischen' Störungen im weitesten Sinn" (a.a.O., 222). Prallen hingegen „normengeleitete Handlungen an Situationen ab, weil die als gültig unterstellten Normen verletzt werden, so führt das zu ‚moralischen' Konflikten in der sozialen Lebenswelt" (ebd.). Gestörte erfolgsorientierte Handlungen werfen das Problem kognitiver Kontrolle auf, gescheiterte normengeleitete Handlungen hingegen führen zu Konflikten, in welchen kognitive *und* affektive Orientierungen betroffen sein können.

Neben dem Ansatz an Interessenkonflikten in der Tradition von Hobbes stehe die zweite Art von Konflikten mit dem „alltäglichen Netz moralischer Gefühlseinstellungen" (a.a.O., 258) in Verbindung.

> „Interessen sind zweckgerichtete Grundorientierungen, die an der ökonomischen und gesellschaftlichen Lage von Individuen [...] haften, weil diese die Bedingungen ihrer Reproduktion mindestens zu erhalten versuchen müssen [...].
> Mißachtungsgefühle hingegen bilden den Kern von moralischen Erfahrungen, die in die Struktur der sozialen Interaktion eingelassen sind, weil

menschliche Subjekte sich untereinander mit Anerkennungserwartungen begegnen, an denen die Bedingungen ihrer psychischen Integrität haften" (a.a.O., 264).

Während die Analyse der ersten Konfliktart auf die Konkurrenz um knappe Güter abzielt, bezieht sich die Untersuchung der zweiten Art von Konflikten auf den Kampf „um die intersubjektiven Bedingungen von persönlicher Integrität" (a.a.O., 265). Dieses zweite Konfliktmodell dürfte jedoch das erste, utilitaristische Modell nicht ersetzen, sondern nur ergänzen, sei es doch „stets eine empirische Frage, bis zu welchem Grad ein sozialer Konflikt eher der Logik der Interessenverfolgung oder der Logik der moralischen Reaktionsbildung folgt" (ebd.). Moralische Konflikte, die um die interaktiven Bedingungen der psychischen Integrität kreisen, können nach der Ansicht von Honneth ausgehend von „metaphorischen Anspielungen auf physisches Leiden" (a.a.O., 218) beobachtet werden. Diese Ausdrucksmittel werden verwendet, weil „durch die Erfahrung von sozialer Erniedrigung und Demütigung" (ebd.) Menschen in ihrer Identität ebenso gefährdet sein können, „wie sie es in ihrem physischen Leben durch das Erleiden von Krankheiten sind" (ebd.).

4.1.1 Fazit zu Honneth

Axel Honneth beschreibt, wie das routinisierte Selbsterleben durch Formen von Missachtungen aufgebrochen wird. In den negativen Gefühlsreaktionen, die aus solchen Formen des sozialen Konflikts entstehen, werden Akteure motiviert, sich selbst sowie ihre soziale Umwelt neu zu beobachten. Konflikte verschieben Aufmerksamkeiten. Letztere lassen sich als motivationale Faktoren verstehen, einer Reorganisation von Kognitionen und Emotionen den Weg zu bereiten.

4.2 Schimank: Identitätsbehauptung

Im Zentrum von Honneths Überlegungen steht das Individuum an der Schnittstelle zur Sozialstruktur: Beobachtet wird, was mit dem Individuum in seiner Positionierung in der Sozialstruktur passiert, wenn es Missachtungen erfährt. Das Leiden der Person macht gleichermaßen die innere wie die äußere Welt kenntlich. Mit Uwe Schimank lassen sich nun Identität und Identitätsbehauptung aus Sicht eines Akteurs als Handlungsmodell noch feiner differenzieren. Er stützt sich auf folgende Untersuchungen von Goffman (vgl. Schimank 2010,

143): seine Analysen der Selbstdarstellung im Alltag (Goffman 2003), seine Untersuchungen von Identitätsbedrohungen und -behauptungen in „totalen Institutionen" (Goffman 1973), und seine Beobachtungen zu Stigmatisierungen (Goffman 1974).

Im Modell des Identitätsbehaupters nach Schimank (2010) werden Handlungswahlen einer Person von ihrem Streben nach Bestätigung ihrer Identität bestimmt. Die Identität einer Person ist ihr Bild von sich selbst. Hierbei wird deutlich, dass es sich bei der Identität um Selbst- und nicht um Fremdbestimmungen handelt. In der Forschung hat sich gezeigt, dass sich verschiedene Arten der Selbstbestimmung einer Person unterscheiden lassen. So können sich Antworten auf die Frage: „Wer bin ich?" auf gesellschaftlich als wichtig definierte Rollen, die eine Person innehat, beziehen, bspw. die Berufsrolle oder die Rolle der Hausfrau und Mutter. Neben diesen können sich die Selbstcharakterisierungen ebenso auf Rollen ausrichten, die man in der Freizeit hat. Eine andere wichtige Art der Selbstbestimmung bezieht sich auf weltanschauliche Überzeugungen, z.B. Aktivitäten in Umweltgruppierungen oder religiöse Überzeugungen. Darüber hinaus werden für die Bestimmung der eigenen Identität Beziehungen zu anderen Menschen herangezogen, z.B. Vater von zwei Kindern zu sein. Bei der Beschreibung des Selbstbildes können zudem auch bestimmte Persönlichkeitseigenschaften verwendet werden, z.B. gebildet, schüchtern oder ehrlich. Bei solchen Selbstbeschreibungen handelt es sich nicht um Eigenschaften unter vielen, sondern um Wesenszüge, die für die Bestimmung des Selbstbildes, der Identität bestimmend sind (vgl. Schimank 2010, 143f.).

> **Kasten 6 ▶ Die Hervorhebung weniger Züge der Person**
>
> Die Identität einer Person ist, so Schimank, lediglich eine einseitige Hervorhebung einiger weniger Züge der eigenen Person, nur eine Skizze der umfassenden und vielschichtigen Persönlichkeit eines Menschen. Hierin sieht Schimank die Funktion der Identität für eine Person, denn erst die extreme Selbstsimplifikation, wie sie jede Identität darstellt, befähigt die Person zur biografischen Selbststeuerung. Die Identität hat die „Funktion, Kontinuität und Konsistenz in das Handeln des Akteurs zu bringen und diesen mit einer Sinngestalt seiner Existenz zu versehen." (A.a.O., 149.)
>
> Selbstsimplifikation lässt sich angenähert so verstehen, dass bestimmte Dinge in der Biografie herausgehoben werden, auf die sich dann der Akteur im Sinne seiner Selbstbezüglichkeit bezieht (so argumentiert auch die Biografieforschung, vgl. Fuchs-Heinritz 2005).

Akteure können nach Schimank ihre Identität auf drei verschiedene Arten beschreiben bzw. äußern: als evaluative Selbstansprüche, normative Selbstansprüche und kognitive Selbsteinschätzungen (Schimank 2010, 144).

Evaluative Selbstansprüche
Im Zentrum von Identitätsbeschreibungen stehen evaluative Selbstansprüche. Diese Art von Selbstansprüchen sind die „Vorstellungen einer Person darüber, wer sie sein und wie sie leben will" (ebd.). Evaluative Selbstansprüche kennzeichnen sich durch einen Aufforderungscharakter an sich selbst und an die soziale Umwelt.

Schon anhand des Aufforderungscharakters der evaluativen Selbstansprüche wird deutlich, dass es sich hierbei um ein „noch nicht" handelt. Über evaluative Selbstansprüche findet eine Person zu sich selbst, und zwar mittels Lebenszielen, die in diesen evaluativen Selbstansprüchen formuliert sind. Der evaluative Selbstanspruch wird zum Wegweiser der eigenen Lebensführung. Sobald ein Lebensziel erreicht ist, können evaluative Selbstansprüche und Lebensziele verändert werden (a.a.O., 144f.).

Normative Selbstansprüche
Begleitet werden die evaluativen Selbstansprüche durch normative Selbstansprüche; hierbei handelt es sich um persönliche Sollensvorgaben für das Handeln einer Person. Erfolgt das Handeln einer Person nicht anhand der normativen Selbstansprüche, also der persönlichen Sollensvorgaben, bedeutet dies das moralische Scheitern des eigenen Lebens. Die normativen Selbstansprüche können auf verinnerlichte soziale Normen oder auf individuelle Sollensvorstellungen zurückgehen. Normative Selbstansprüche rahmen die evaluativen Selbstansprüche (a.a.O.,145).

Kognitive Selbsteinschätzungen
Kognitive Selbsteinschätzungen einer Person beschreiben die Fähigkeiten und Möglichkeiten einer Person, ihren evaluativen und normativen Selbstansprüchen gerecht zu werden, ihr faktisches So-Sein im Vergleich zum Sein-Wollen und Sein-Sollen. Hierbei kann es zu Diskrepanzen kommen, die negativ, in Form von Fehlern, Schwächen und Versagen, oder positiv, in Form von Zwischenetappen auf dem Weg zum Sein-Wollen und Sein-Sollen bewertet werden können. Als Schwächen, Fehler oder Versagen wird das Handeln in der Regel dann bewertet, wenn sich eine Person eigentlich dazu in der Lage sieht, ihren evaluativen und normativen Selbstansprüchen gerecht zu werden, ihr dies aber aufgrund innerer und äußerer Faktoren nicht gelingt. Positiv können Diskrepanzen hingegen dann bewertet werden, wenn eine Person im Zeitverlauf eine

Annäherung an bestimmte evaluative und normative Selbstansprüche erkennen kann, die auf eigenen Anstrengungen und einer unterstützenden Umgebung basieren (a.a.O., 145f.).

Selbstdarstellung und soziale Bestätigung
Wie kommen Akteure zu ihrer Identität und wie wird die Identität in den Beziehungen zwischen Akteuren bedeutsam? Auf diese Frage gibt Schimank zwei Antworten: 1. Die Identität eines Akteurs bedarf sozialer Bestätigungen. Hieraus ergibt sich 2.: Die Identität eines Akteurs muss in dessen Selbstdarstellung sozial präsentiert werden. Diese beiden Antworten beschreibt er als zirkuläre Kausalität, wonach soziale Bestätigungen die Identität produzieren und reproduzieren, und die sozialen Bestätigungen ihrerseits Reaktionen auf die identitätsgesteuerte Selbstdarstellung des Akteurs sind (a.a.O., 148).

> „Identitätsbehauptung ist eine Daueraufgabe des Akteurs, ein Prozess, selbst dann, wenn die Identität über längere Zeit identisch reproduziert wird. Dieser Prozess ist kein monologischer. Er vollzieht sich nicht im Inneren der Person, sondern in deren Auseinandersetzung mit ihrer sozialen Umgebung. Darin liegt die fundamentale Bedeutung von Sozialität als identitätssichernder oder -verunsichernder Umwelt eines Akteurs." (Ebd.)

Das bedeutet, dass eine Person ihre Identität, also ihr Selbstbild, mit Fremdbildern abgleicht. Durch diese Fremdbilder erfährt die betreffende Person Bestätigung oder Nichtbestätigung ihrer Identität. Verstärkte und dauerhafte Nichtbestätigung führt zu Identitätsbedrohungen, soziale Bestätigung hingegen zur Manifestation einzelner Identitätsbestandteile.

Es wird deutlich, dass nicht jede Nichtbestätigung automatisch zur Identitätsveränderung führt. Dies ist nach Schimank darauf zurückzuführen, dass aktuelle Nichtbestätigungen von vergangenen Bestätigungen des betreffenden Identitätsbestandteils überlagert werden. Eine aktuelle Nichtbestätigung kann a) auf die besonderen Umstände der aktuellen Situation und b) auf diesen speziellen ‚Nichtbestätiger' zurückgeführt werden. Um eine Änderung des Identitätsbestandteils herbeizuführen, müssen die Nichtbestätigungen einen gewissen Veränderungsdruck ausüben. „Ab welchem Punkt solche Umdefinitionen von Nichtbestätigungen in Bestätigungen nicht länger subjektiv plausibel sind, lässt sich nicht allgemeingültig bestimmen." (A.a.O.,150)

> Schimank schreibt weiter: „Bezüglich der meisten Bestandteile seiner Identität unterliegt ein Akteur mehr oder weniger vielfältigen Einflüssen, die einander relativieren und die er selbst auch in seiner inneren Verarbeitung

teilweise gegeneinander auszuspielen vermag. Der Akteur kann, bewusst oder unbewusst, seine Umwelt partiell so wählen und gestalten, dass er eher mit sozialen Bestätigungen als Nichtbestätigungen konfrontiert wird." (A.a.O.,151)

Identitätsbedrohungen
Schimank zufolge stellen Identitätsbedrohungen den wichtigsten Auslöser für identitätsbehauptendes Handeln dar. Unter Identitätsbedrohung versteht er „massive und dauerhafte (...) Infragestellungen der evaluativen und normativen Selbstansprüche eines Akteurs." (A.a.O.,152) Schimank unterscheidet drei Arten von Identitätsbedrohungen: spezifische substanzielle Identitätsbedrohungen, indirekte Identitätsbedrohungen durch Existenzgefährdung und Identitätsbedrohungen durch Entindividualisierungserfahrungen (vgl. ebd.).

„Spezifische substantielle Identitätsbedrohungen sind nachhaltige Nichtbestätigungen einzelner Bestandteile des Selbstbildes einer Person" (ebd.). Diese betreffen, so Schimank, nur einzelne Bestandteile der Identität einer Person und macht diese nicht flächendeckend fraglich. Er postuliert, dass jede Person mit Nichtbestätigungen einiger Identitätsbestandteile konfrontiert sein kann (a.a.O., 152ff.). Der Handlungstrieb, der sich aus spezifischen substanziellen Identitätsbedrohungen ergibt, äußert sich insofern, dass „der Akteur in seinem Handeln eine Art der Selbstdarstellung unterbringen (muss), die demonstrativ auf dem jeweiligen Selbstanspruch beharrt" (a.a.O., 154.).

Mit indirekten Identitätsbedrohungen durch Existenzgefährdung sind solche gemeint, die die körperlichen Voraussetzungen der Identitätswahrung betreffen. Hierzu zählt bspw. das Wissen der eigenen Sterblichkeit, lebensgefährliche Krankheiten oder das Altern einer Person. Für diese Art von Identitätsbedrohungen „hilft letzten Endes keinerlei Praktik der Identitätsbehauptung" (a.a.O., 155).

Eine weitere Art von Identitätsbedrohung sind Entindividualisierungserfahrungen. Individualität beschreibt Schimank als selbstbestimmte Einzigartigkeit. Weiter macht sich die Bedrohung der Identität bemerkbar, wenn einem modernen Menschen seine Individualität nicht sozial bestätigt wird und er als Massenmensch behandelt wird (a.a.O., 155f.). Entindividualisierungserfahrungen finden sich vor allem in sogenannten *totalen Institutionen*, wie Gefängnissen und Psychiatrien. In abgeschwächter Form können auch Krankenhäuser oder Internate dazu gezählt werden.

> **Kasten 7 ▶ Totale Institutionen**
>
> Merkmale totaler Institutionen wurden insbesondere von Goffman herausgearbeitet. Schimank fasst das Verständnis von Goffman zu totalen Institutionen zusammen: Bei totalen Institutionen „handelt (es) sich [...] in der Regel um formale Organisationen, die die Lebensführung ihrer meist unfreiwilligen ‚Insassen' in extremem Maß reglementieren und dadurch uniformieren und fremdbestimmen" (a.a.O., 156.).

Praktiken der Identitätsbehauptung
Akteure haben verschiedene Möglichkeiten zur Identitätsbehauptung; genannt wurde bereits der Wechsel und die Pluralisierung der sozialen Umgebung. Eine weitere Möglichkeit sind „verstärkte Anstrengungen in Richtung der betreffenden evaluativen oder normativen Selbstansprüche" (a.a.O., 158.). Schimank führt als weitere Praktiken noch die Affektkontrolle, die Rolleninszenierung, die Rollendistanz und die Rollendevianz an. „Die Rolleninszenierung ist die Selbstdarstellung einer Person *in* der Rolle." (A.a.O., 159; Herv. i.O.) Der Akteur kann durch Inszenierung, bspw. durch eine persönliche Note oder durch eine regelrechte Übererfüllung der Rollenerwartungen, soziale Bestätigung erhalten (a.a.O., 160). Die „Rollendistanz ist eine relativierende Kommentierung der eigenen Rollendarstellung, was mehr oder weniger eindeutig und offen, aber auch verdeckt und implizit geschehen kann." (A.a.O., 160f.) Ziel dieser relativierenden Kommentierung ist nach Schimank, kenntlich zu machen, dass man nicht in vollem Maße hinter der Rolle steht (a.a.O., 161). Unter Rollendevianz versteht Schimank die Selbstdarstellung gegen die Rolle, also einem Herausfallen aus der Rolle. In letzter Konsequenz kann der Akteur ganz aus seiner Rolle aussteigen (vgl. ebd.).

4.3 Fazit zum Identitätsbehaupter

Die Behauptung der eigenen Identität, wie sie Uwe Schimank beschreibt, wird als eigenständiges Handlungsmodell erkennbar. Zieht man die in Kapitel 4.1 von Honneth skizzierten Situationen der kulturellen Degradierung heran, dann lassen sich zahlreiche Anlässe für Akteure denken, dagegen ihre Identität zu behaupten bzw. behaupten zu müssen. Identitätsbehauptung ist dabei Daueraufgabe. Je individualisierter die Gesellschaft, desto öfter müssen die Gesellschaftsmitglieder auch ihre je individuelle Identität herausstellen. Evaluative Selbstansprüche, normative Selbstansprüche und kognitive Selbsteinschätzungen zeigen, wie breit das Motiv der Identitätsbehauptung ist – und auch dass die Akteure bei der Identitätsbehauptung innere Spannungen und Konflikte bearbeiten müssen. Wichtig ist zudem, dass sich Identitätsbehauptung aus Sicht der Soziologie (natürlich) nicht monologisch vollzieht, sondern stets in Auseinandersetzung mit anderen.

4.4 Beobachtungen der StudentInnen zum Identitätsbehaupter

StudentInnen waren aufgefordert, Handlungen eines Akteurs mit Schimanks „Identitätsbehauptung als Handlungsantrieb" zu deuten. Als Szenario konnten die Durchführung einer Schulreform (gleich welcher Art) oder eigene Beispiele gewählt werden. Im ersten Fall sollten sich die StudentInnen einen Akteur (Lehrer, Schüler, Eltern, Schulverwaltung) auswählen und hypothetisch überlegen, wie er sich in einer Schulreform verhalten würde.

Im Folgenden wird exemplarisch nachgezeichnet, wie StudentInnen die Aufgabe im Rahmen ihrer Gruppen gelöst haben.

Kasten 8 ▶   Zwei Beispiele studentischer Gruppen

Gruppe Eins – Identitätsbehauptung einer jungen Mutter
Die von uns untersuchte Szene stellt sich wie folgt dar: Wir betrachten eine junge Mutter, die sich bereits in der Schwangerschaft, aufbauend auf ihren persönlichen Erfahrungen, ein Selbstbildnis zurechtlegt. In Erinnerung an ihre eigene Mutter legt sie für sich selbst fest, dass sie eine gute Mutter respektive nicht so wie ihre eigene Mutter sein möchte. Ihre Mutter gab ihr während ihrer Kindheit oftmals eine Ohrfeige und schrie sie an. Ebenfalls in schlechter Erinnerung behielt sie, dass ihre Mutter sie nie ernst nahm und stets versuchte, ihr ihre Lebensweise aufzuzwingen, weil sie mit dem gewählten Weg ihrer Tochter nicht zufrieden war. Ein Schlichtungsversuch scheiterte an der Uneinsichtigkeit der eigenen Mutter.
Die Tochter formuliert für sich selbst – unbewusst – den normativen Selbstanspruch (Schimank 2010, 145) „Ich möchte eine gute Mutter sein". Dieser normative Selbstanspruch wird von mehreren evaluativen Selbstansprüchen (Schimank 2010, 144) flankiert, welche direkt aus den Kindheits-/Jugenderfahrungen abgeleitet sind. Diese evaluativen Selbstansprüche lauten „Ich schlage mein Kind nicht", „Ich schreie mein Kind nicht an", „Ich lasse mein Kind Eigenverantwortung übernehmen", „Ich nehme Kritik meines Kindes an". Unbewusst wird sich die werdende Mutter an diesen Selbstansprüchen messen.

Von der Arbeit permanent gereizt, kommt es später öfters vor, dass die Mutter ihr Kind anschreit, damit es zur Ruhe kommen möge. Häusliche Gewalt geschieht jedoch nie. Einige Jahre später ist aus dem Kind ein jugendlicher Mensch geworden, der seine eigenen Vorstellungen und Wünsche entwickelt hat. Der Blick in die Zukunft ist für den jugendlichen Menschen mit einem bestimmten Beruf und Lebenswandel verbunden, jedoch stößt diese Vorstellung bei der Mutter auf Ablehnung. Sie ist daraufhin nicht gewillt, ihr Kind auf diesem Weg zu unterstützen.

Bei einem späteren Rückblick stellt die Mutter fest, dass sie nicht all ihren evaluativen Selbstansprüchen dauerhaft gerecht wurde. Daraufhin reflektiert sie über die Qualität ihrer Selbstansprüche. Ihrer kognitiven Selbsteinschätzung nach erfüllt sie den normativen Selbstanspruch „gute Mutter" zwar, jedoch ändert sich ihre Auffassung der evaluativen Selbsteinschätzungen. So ist es ihrer Auffassung nach in Ordnung, wenn sie in den Lebenswandel ihres Kindes eingreift und die Eigenverantwortung einschränkt, wenn es zum Wohle des Kindes ist. In ihrem Verhalten gegenüber ihrem Kind in Stresssituationen sieht sie sich jedoch gescheitert, da das Anschreien eines Kindes nach wie vor inakzeptabel für sie ist.

Zur „Theoriebrille": Obwohl der Text von Uwe Schimank im Vergleich mit vielen anderen Texten aus der Soziologie zunächst als „harmlos" erscheint, weil er sich keiner verschnörkelten Sprache, Schachtelsätzen oder gar Begriffen bedient, die Laien nicht kennen können, fiel uns der Zugang zum Text schwerer als erwartet.

Vor Beginn der Bearbeitungsphase haben wir den Text gelesen und uns Notizen zu den Stellen gemacht, die uns bemerkenswert oder unverständlich erschienen. Anschließend haben wir uns im Seminar darüber ausgetauscht und über den Inhalt diskutiert. Diese Diskussionen erwiesen sich leider nicht als sehr fruchtbar, da sie uns sehr viel Zeit kosteten und nicht zum gewünschten Ziel – nämlich ein besseres Textverständnis – führten.

Um die Zeit während des Seminars effektiv nutzen zu können, haben wir als Konsequenz daraufhin den Text gesichtet und aufgeteilt. Dabei haben wir versucht, die Aufteilung möglichst gleichmäßig zu gestalten. Die Aufgabe eines jeden Seminarteilnehmers war es, seinen Textabschnitt zusammenzufassen und auf den Inhalt hin zu untersuchen; er sollte also ein Experte für diesen Abschnitt werden und den anderen Seminarteilnehmern erklären können, was in seinem Abschnitt steht und was daran wichtig ist. Nach Ende des Seminars und der Besprechung haben wir die Abschnitte rotiert. Sinn dieser Rotation war es, einen Abschnitt von möglichst vielen Seminarteilnehmern beleuchten zu lassen, damit dieser Abschnitt aus möglichst vielen Blickwinkeln betrachtet wird. Dies sollte ein sehr differenziertes Bild des Textabschnitts ergeben – und somit letztlich des ganzen Textes. Der große Nachteil dieser Methode ist es, dass sie nicht weniger zeitaufwändig als die „normale" Diskussion ist, sondern eher mehr Zeit braucht, da man sich mehrmals mit dem gleichen Textabschnitt befassen muss. Dem gegenüber steht als ein Vorteil, dass man nicht vom gesamten Text erschlagen wird, sondern sich auf einen kleinen Teil konzentrieren kann. Der weitaus größere Vorteil ist es jedoch, dass die Textabschnitte von verschiedenen Personen nacheinander untersucht werden und diese, was den Inhalt betrifft, durchaus zu verschiedenen Ergebnissen kommen können. Und genau diese Unterschiede, bzw. die anschließende Diskussion in der Seminargruppe, tragen wesentlich dazu bei, das Textverständnis zu fördern.

Gruppe Zwei – Ein Schüler mobilisiert Protest
Nach Schimank (2010, 143) ist der Identitätsbehaupter ein Akteurmodell, nach dem ein Individuum handelt, um seine Identität bzw. sein Selbstbild zu verteidigen.
Im Falle einer Schulreform, die einen erhöhten Lernaufwand durch eine Kürzung der Schullaufbahn zur Folge hat, fühlt sich ein Schüler in der Möglichkeit der Wahrung seiner Identität gefährdet. Diese Problematik wird nach Schimank (ebd.) verständlich, wonach die Identität einer Person deren Bild von sich selbst ist. Es entsteht eine Diskrepanz zwischen dem Sein-Wollen und dem Sein-Sollen (a.a.O., 145-146). Dies versucht der Schüler zu vermeiden, indem er sich zu Wehr setzt. Er bittet seine Eltern, sich in der Elternversammlung gegen diese Reform einzusetzen und er selbst setzt sich mit dem Schulsprecher in Verbindung. Mit diesem und weiteren Schülern bildet er eine Gruppe, die jeden Tag vor dem Lehrerzimmer demonstrieren, um ihrem Unmut über diese Veränderung ihres Lernalltags Ausdruck zu verleihen. Sie möchten erreichen, dass sich die Lehrer gegen die Reform einsetzen und Beschwerde einlegen. Diese Aufforderung an die Lehrer sowie die Gründung einer Gruppe weisen auf das Argument Schimanks (a.a.O., 149) hin, nach welchem die Identität eines Akteurs soziale Bestätigung benötigt. Dies zeigt sich auch dahingehend, dass der Schüler eine Gruppe, „Schüler gegen die Schulreform", im Netzwerk „Facebook" gründet und damit eine für die soziale Bestätigung nötige Selbstdarstellung betreibt (a.a.O., 151). Gemeinsam mit seinen Freunden möchte er weitere SchülerInnen, Eltern und Lehrer, die sich gegen die Schulreform aussprechen wollen, dazu auffordern, sich in diese Gruppe einzutragen. Die Mitgliederliste soll an die für die Schulreform zuständigen Instituti-

onen geschickt werden und aufzeigen, wie negativ die Reform in der Bevölkerung angenommen wird und somit als „Druckmittel" dienen. Dieses Engagement der Schüler bestätigt Schimanks Meinung, dass der wichtigste Auslöser identitätsbehauptenden Handelns aktuelle und antizipierte Identitätsbedrohungen sind (a.a.O., 152). Die Institution Schule stellt somit eine Identitätsbedrohung dar. Viele SchülerInnen sind dem hohen Lernaufwand in einem verkürzten Zeitraum nicht gewachsen, was nach Schimank einer indirekten Identitätsbedrohung durch Existenzgefährdung entspricht. Außerdem findet eine Entindividualisierungserfahrung der SchülerInnen statt, da sie zunehmend als „Massenmenschen" behandelt werden und ihre „selbstbestimmte Einzigartigkeit" gefährdet wird (a.a.O., 152-156).

Bei dem Text des „Identitätsbehaupters" von Uwe Schimank wurde folgendes Analyseverfahren verwendet: Textstellen, die unverständlich oder besonders gut waren, wurden direkt im Text markiert. Hierbei haben wir die Textkommentare in blau geschriebene positive Anmerkungen und in rot geschriebene negative Anmerkungen und Verbesserungsvorschläge unterteilt. Anhand dieses Verfahrens ist es möglich, nur mit dem kommentierten Text Uwe Schimanks zu arbeiten, ohne weitere Erläuterungen zu benötigen.

Dabei sind wir folgendermaßen vorgegangen: Alle Gruppenmitglieder haben sich den Text „Identitätsbehaupter" ausgedruckt, gelesen und markiert. Danach haben wir uns getroffen, um über Probleme bei der Lektüre zu reden. Schließlich haben wir all unsere Textkommentare zusammengetragen und zu einem Text hinzugefügt. Nachdem wir den Text so ausführlich besprochen haben, bearbeiteten wir die Aufgabe „Schulreform – Reaktion eines Schülers".

4.5 Kommentare der Beobachtungen der StudentInnen

Gruppe 1 zeichnet für die Identitätsbehauptung einer jungen Mutter einen guten Spannungsbogen: Die junge Mutter sieht es als Teil ihrer Identität an, das Kind anders zu erziehen, als sie selbst erzogen wurde, rutscht dann aber in genau die Erziehungshandlungen hinein, die sie nicht wollte. Das Beispiel ist also gut geeignet, eine Herausforderung für die Identität wahrzunehmen, wobei das Beispiel auch dahingehend gut konstruiert ist, dass die Prozesse sich über längere Zeiträume erstrecken. Im Grunde wird eine schleichende Herausforderung für die Identität konstruiert. Was wir als Leserin und Leser nicht sehen, ist, wie viel gedanklicher und zeitlicher Aufwand hinter der Konstruktion eines derart guten Beispiels steckt. Man kann angesichts der Güte des Beispiels vermuten, dass der Aufwand höher war und einige Zeit gebraucht hat. Die Gruppe selbst macht zum Zeitaufwand keine Angaben, aber sie schreibt, dass das Handlungsmodell schwerer war als gedacht.

Generell kann man Gruppen nur ermuntern, sich bei der Konstruktion eines Beispiels Zeit zu lassen – im Prinzip muss die Theoriebrille eines Textes, der angewendet sein soll, bereits bekannt sein, um den empirischen Fall so wählen zu können, dass sich mit diesem Fall all die relevanten Aussagen eines Textes hervorkehren lassen. Das ist eine komplexe Aufgabe, da sie gleichzeitig theoretisch und empirisch ist.

Zur Bearbeitungsstrategie der Gruppe 1 lässt sich beobachten: Zunächst haben die einzelnen Gruppenmitglieder den Text gelesen und sich Notizen zu Stellen gemacht, die ihnen bemerkenswert oder unverständlich erschienen. Im Anschluss hat sich die Gruppe zusammengesetzt, um sich über den Inhalt des Textes auszutauschen und die markierten Stellen zu diskutieren. Nach Aussage der Gruppe erwiesen sich diese Diskussionen als unfruchtbar, da sie die Gruppe viel Zeit kosteten und nicht zum besseren Textverständnis führten.

Zu beachten ist, dass die Arbeitsgruppe daraufhin ihre Strategie ändert: Sie sichtet den Text, unterteilt ihn in gleichgroße Abschnitte für einzelne Gruppenmitglieder, die dann den Inhalt zusammenfassen. So soll jedes Gruppenmitglied zum Experten für einen Textabschnitt werden, um den anderen Mitgliedern die wichtigsten Informationen des Abschnitts näher zu bringen. Nach der Besprechung der einzelnen Abschnitte hat die Gruppe nach einem Rotationsprinzip bereits bearbeitete Abschnitte neu verteilt. Ziel dieses Verfahrens ist nach Aussage der Gruppe gewesen, die einzelnen Abschnitte von möglichst vielen Gruppenmitgliedern bearbeiten zu lassen, um so ein differenziertes Bild des Textabschnitts zu erhalten. Nachteil dieser Strategie ist nach Ansicht der Gruppe, dass eine solche Bearbeitung wiederum zeitaufwendig ist, da ja die Textabschnitte von mehreren Mitgliedern bearbeitet werden. Als Vorteil nennt die Gruppe, dass man sich zunächst mit kurzen Textabschnitten befasst und nicht „vom gesamten Text erschlagen wird". Als zweiter Vorteil wird genannt, dass die einzelnen Textabschnitte von mehreren Personen bearbeitet werden. Die Strategie besteht darin, eine Textstelle von mehreren besprechen zu lassen, *um Unterschiede zu erzeugen.*

Kasten 9 ▶ Hermeneutische Auslegung

Es handelt sich hier um die – in vielen Bereichen der Soziologie zu findende – *hermeneutische Auslegung.* Dies bedeutet, dass Texte verschiedene Sinnmöglichkeiten haben, die anschließend herausgelesen werden können.

> Diese Aufgabe einer „Hermeneutik" lässt sich unter diesem Stichwort – für eine erste Orientierung – gut im Internet recherchieren.
>
> Für ein erweitertes Verständnis vgl. z.B. Soeffner (2004).

Man kann dieses Vorgehen als eine der Kernstrategien von Gruppenarbeit ansehen: Es ist ja keinem damit gedient, würden sich alle schnell einer Version der Ausdeutung anschließen, die eine Person erarbeitet hat. Die Gruppe organisiert dagegen Unterschiede – über die sich dann gut sprechen und streiten lässt. Über die Breite und Tiefe dieser Unterschiede macht die Gruppe keine Angaben. Aber da das schriftliche Ergebnis eine hohe Güte hat, waren die unterschiedlichen Textverständnisse offensichtlich nicht nur da, sondern wurden auch genutzt.

4.6 Wie wird das Konzept des „Identitätsbehaupters" weiter verwendet?

Zwar sind in der Soziologie Studien, die explizit *dem Konzept der Identitätsbehauptung* nachgehen, selten; jedoch werden mit dem Konzept Untersuchungen *durchgeführt*. In der modernen Gesellschaft ergeben sich zahlreiche Herausforderungen für eine Identitätsbehauptung, nämlich im Zuge von erlebten sozialen und kulturellen Deklassierungen. Die Situationen reichen von staatlich hergestellten – siehe das obige Beispiel des Begrüßungsgelds nach der Wende –, über institutionelle Diskriminierungen im Schulsystem (Gomolla/Radtke 2002), identitäts- und interessenbezogene Kämpfe um Professionalisierung in der Schule (Brüsemeister 2011) bis zu beruflichen und Alltagssituationen (Schultheis/Schulz 2005).

Soziologische Forschungen liefern Gegenwartsdiagnosen zum „Leiden an der Gesellschaft" (so schon Dreitzel 1972), wobei die Studien dies mit Beeinträchtigungen der Identität in Verbindung bringen. So zeigen etwa Bourdieu und sein Team, inwiefern gesellschaftliche Gruppen am Neoliberalismus leiden (Bourdieu u.a. 1997), wofür die ForscherInnen Interviews mit entsprechenden Gruppenangehörigen auswerten und Schlussfolgerungen für den Zustand der Gesellschaft daraus ableiten (vgl. auch Bude 2012). Weiter werden einzelne biografische Verläufe detailliert hinsichtlich sozialer und kultureller Deklassierungen untersucht (z.B. Brüsemeister 1998, unter Verwendung der von Fritz

Schütze (vgl. Kap. 2.5) konzipierten narrativen Interviews; Schütze selbst war in den 1980er Jahren an einer „Theorie des Erleidens"[9] interessiert).

4.7 Literatur

Literaturempfehlungen

Honneth, Axel (1992): Kampf um Anerkennung. Zur moralischen Grammatik sozialer Konflikte, Frankfurt a.M.
Schimank, Uwe (2010): Handeln und Strukturen. Einführung in die akteurtheoretische Soziologie. Weinheim, München, 142-165.
Goffman, Erving (2003): Wir alle spielen Theater. Die Selbstdarstellung im Alltag. München.
Goffman, Erving (1974): Stigma. Über Techniken der Bewältigung beschädigter Identität. Frankfurt a.M.
Goffman, Erving (1973): Asyle. Über die soziale Situation psychiatrischer Patienten und anderer Insassen. Frankfurt a.M.
Neckel, Sighard (1996): Inferiority: from collective status to deficient individuality. In: The Sociological Review, Vol. 44, No. 1, 17-34.

Literaturverzeichnis

Bourdieu, Pierre, u.a. (1997): Das Elend der Welt. Zeugnisse und Diagnosen alltäglichen Leidens an der Gesellschaft. Konstanz.
Brüsemeister, Thomas (2011): Educational Governance – Aufriss von Perspektiven für die empirische Bildungsforschung. In: Hof, Christiane/ Ludwig, Joachim/ Schäffer, Burkhard (Hg.): Steuerung – Regulation – Gestaltung. Dokumentation der Jahrestagung der Sektion Erwachsenenbildung der Deutschen Gesellschaft für Erziehungswissenschaft (DGfE). Baltmannsweiler, 7-17.
Brüsemeister, Thomas (1998): Lernen durch Leiden? Biographien zwischen Perspektivlosigkeit, Empörung und Lernen. Wiesbaden: Deutscher Universitäts-Verlag.
Bude, Heinz (2012): „Klassengesellschaft ohne Klassenspannung". Leben in der fragmentierten Gesellschaft. [Gespräch]. In: Die Neue Gesellschaft, Frankfurter Hefte. 59, Heft 3, 18-23.
Dreitzel, Hans Peter (1972): Die gesellschaftlichen Leiden und das Leiden an der Gesellschaft. Vorstudien zu einer Pathologie des Rollenverhaltens, Stuttgart: Enke.

---

9 Vgl. Schütze 1982, hier S. 569. Schütze verwendet zum Beispiel systematisch den Terminus „Handeln und Erleiden" (vgl. fast programmatisch Schütze 1987, 14ff.). Thematisch nimmt Schütze mit dem narrativen Interview z.B. „schmerzhafte und bedrückende Erlebnisse" (a.a.O., 210) sowie „beschämende Ereignisverwicklungen" (a.a.O., 211) in den Blick.

Eckhardt, Annegret (1994): Im Krieg mit dem Körper. Autoaggression als Krankheit, Reinbek bei Hamburg.

Fuchs-Heinritz, Werner (2005): Biographische Forschung. Eine Einführung in Praxis und Methoden. Wiesbaden.

Fuchs, Werner (1983): Jugendliche Statuspassage oder individualisierte Jugendbiographie? In: Soziale Welt 3, 341-371.

Goffman, Erving (1991): Interaktionsrituale. Über Verhalten in direkter Kommunikation, Frankfurt a.M.

Gomolla, Mechtild/Radtke, Frank-Olaf (2002): Institutionelle Diskriminierung. Die Herstellung ethnischer Differenz in der Schule. Opladen.

Gouldner, Alvin W. (1984): Reziprozität und Autonomie, Frankfurt a.M.

Habermas, Jürgen (1992): Faktizität und Geltung. Beiträge zur Diskurstheorie des Rechts und des demokratischen Rechtsstaates, Frankfurt a.M.

Hegel, Georg F.W. (1983): Philosophie des Rechts. Die Vorlesung von 1819/20 in einer Nachschrift. Hrsg. v. D. Henrich, Frankfurt a.M.

Honneth, Axel (1989): Moralische Entwicklung und sozialer Kampf. Sozialphilosophische Lehren aus Hegels Frühwerk. In: Honneth, Axel/McCarthy, Thomas/Offe, Claus/Wellmer, Albrecht (Hg.): Zwischenbetrachtungen. Im Prozeß der Aufklärung, Frankfurt a.M., 549-573.

Kluth, Heinz (1957): Sozialprestige und sozialer Status, Stuttgart.

Korff, Wilhelm (1966): Ehre, Prestige, Gewissen, Köln.

Moore, Barrington (1987): Ungerechtigkeit. Die sozialen Ursachen von Unterordnung und Widerstand, Frankfurt a.M.

Neckel, Sighard (1993): Die Macht der Unterscheidung. Beutezüge durch den modernen Alltag, Frankfurt a.M.

Neckel, Sighard (1991): Status und Scham. Zur symbolischen Reproduktion sozialer Ungleichheit, Frankfurt a.M., New York.

Schimank, Uwe (1985): Funktionale Differenzierung und reflexiver Subjektivismus. Zum Entsprechungsverhältnis von Gesellschafts- und Identitätsform. In: Soziale Welt, Heft 4, 1985, 447-465.

Schütze, Fritz (1987): Das narrative Interview in Interaktionsfeldstudien I. Erzähltheoretische Grundlagen. Studienbrief der Fernuniversität Hagen. Hagen.

Schütze, Fritz (1982): Narrative Repräsentation kollektiver Schicksalsbetroffenheit. In: Lämmert, Eberhard (Hg.): Erzählforschung. Ein Symposion. Stuttgart, 568-590.

Schultheis Franz/Schulz, Kristina (2005): Gesellschaft mit begrenzter Haftung. Zumutungen und Leiden im deutschen Alltag. Konstanz.

Simmel, Georg (1992): Zur Psychologie der Scham (zuerst 1901). In: ders.: Schriften zur Soziologie. Eine Auswahl, hrsg. v. Dahme, Heinz-Jürgen/Rammstedt, Otthein; Frankfurt a.M., 140-150.

Soeffner, Hans-Georg (2004): Auslegung des Alltags – Der Alltag der Auslegung. Konstanz.

Watzlawick, Paul/Beavin, Janet H./Jackson, Don D. (1996): Menschliche Kommunikation. Formen, Störungen, Paradoxien. Bern u.a.

5 Garfinkel: Handeln in hergestellten Ordnungen

abstract

Die Ethnomethodologie wurde von Harold Garfinkel geprägt. Er studierte nach seinem Wirtschaftsstudium ab 1939 Soziologie an der University of North Carolina. Nach Kriegsende, er wurde 1942 zum Militärdienst eingezogen, begann er sein PhD-Studium bei Talcott Parsons in Harvard. Dieses schloss er 1952 ab und wurde zwei Jahre später an die University of California in Los Angeles (UCLA) berufen. Von da an widmete er sich intensiv der Theoriebildung der Ethnomethodologie. Der Theoriebegriff gelang mit seinem Hauptwerk „Studies in Ethnomethodology" aus dem Jahr 1967 zu Bekanntheit. Garfinkel blieb an der UCLA bis zu seiner Emeritierung im Jahr 1987. Vester (2010, 38) spricht in seiner Übersicht von der Ethnomethodologie als einer intellektuellen Bewegung, die mit Garfinkel begann, über mehrere Jahrzehnte andauerte und ihr Epizentrum in Kalifornien hatte.

EthnomethodologInnen grenzen sich bewusst von ‚großen' soziologischen Theorien ab (vgl. Sack/Weingarten 1976; Vester 2010, 49f.), und zwar insbesondere, wenn diese Theorien soziale Ordnungen als gegeben ansehen. Im Gegensatz dazu konzipieren EthnomethodologInnen soziale Ordnung als „das Ergebnis von Handlungen, Interaktionen und Interpretationen" (Vester 2010, 40), als *Vollzugswirklichkeit*.

Um zeigen zu können, welche Forschungen mit der Ethnomethodologie möglich sind, beschäftigt sich das folgende Kapitel überwiegend mit der ethnomethodologischen Konversationsanalyse; sie ist die für den Theorieansatz zentrale Forschungsmethode. Die ethnomethodologische Konversationsanalyse wurde Mitte der 60er Jahre in den USA von Harvey Sacks begründet. Sacks wurde von Erving Goffman und Harold Garfinkel und ihren Beiträgen zur Ethnomethodologie beeinflusst (vgl. Willems 2000; Bergmann 2000).

5.1 Was ist Ethnomethodologie?

Ethnomethodologie ist ein Kunstwort, das von dem Soziologen Harold Garfinkel eigens für sein theoretisches Konzept erfunden wurde (vgl. Abels 2009,

87). Die Ethnomethodologie will eine soziale Gruppe – deshalb die Vorsilbe „Ethno-" – daraufhin untersuchen, welche Methoden – deshalb die Nachsilbe „-Methodologie" – sie „bei der Abwicklung ihrer alltäglichen Angelegenheiten ganz selbstverständlich" (Bergmann 1991, 86) verwenden. Kommunikation und Interaktion im Alltag stehen im Mittelpunkt der Beobachtung. Der Alltag umfasst dabei durchaus auch besondere Situationen, die Menschen nicht jeden Tag erleben, wie bspw. ein Notfallanruf bei der Feuerwehr. Untersucht wird ebenfalls der Alltag in Behörden, Firmen oder anderen institutionellen Settings. Mit alltäglichen Handlungen oder Gesprächen sind jene gemeint, die sich im realen Miteinander ergeben, die tatsächlich stattfinden. Es dreht sich also nicht um fiktive Situationen, sondern um „Praxis".

> **Kasten 1 ▶ Vollzugswirklichkeit**
>
> Viele soziologische Ansätze beschäftigen sich mit alltäglichen Handlungen. Hier finden sie ihre Untersuchungsgegenstände, die dann theoretisch gedeutet werden. Große Unterschiede gibt es bei der Frage, wie das Miteinander der Akteure, das heißt die gesellschaftliche Ordnung, erklärt wird. EthnomethodologInnen sind der Ansicht, dass erst die *Interaktion zwischen Personen* die soziale Ordnung herstellt. Das bedeutet, unsere Realität ist „immer im Werden begriffen, nie abgeschlossen" (Vester 2010, 48). Die soziale Wirklichkeit konstruiert sich aus Interaktion und der Interpretation dieser; sie wird *vollzogen* im „Wechselspiel von Sicherung und Verunsicherung" (ebd.), ist damit *Vollzugswirklichkeit*. Das ethnomethodologische Verständnis der Wirklichkeit zeichnet sich demnach dadurch aus, Gesellschaft *als Prozess* zu begreifen (vgl. a.a.O., 41). Prozesse verlaufen nach Regeln, wobei diese nach den EthnomethodologInnen Regeln des *Aushandelns von Wirklichkeit* sind. Mit ihrer Interpretation der Wirklichkeit, wie sie im Rahmen der Interaktion mit anderen Akteuren innerhalb einer Situation geschieht, passen sich die Einzelnen in die soziale Wirklichkeit ein. Ethnomethodologie untersucht, was Akteure in einer Situation praktisch vollziehen.

Ethnomethodologische Konversationsanalyse
Für die Untersuchung von Vollzugswirklichkeiten werden geeignete Methoden benötigt. Die für diesen Theorieansatz zentrale Forschungsmethode ist die so genannte ethnomethodologische Konversationsanalyse. KonversationsanalytikerInnen übernehmen von der Ethnomethodologie die Vorstellung, dass die soziale Ordnung eine von den Akteuren hergestellte Vollzugswirklichkeit ist

(vgl. Bergmann 1988, 1:34ff.). Sie stellen sich jeden Akteur gemäß der Theorie gleichsam als leeres Blatt vor, der gemeinsam mit anderen in einer Situation den Charakter der sozialen Wirklichkeit erst festlegen muss. Ethnomethodologie und Konversationsanalyse hat man entsprechend als eine „radikale Soziologie" bezeichnet (vgl. Eickelpasch 1982). Selbst wenn man zugibt, dass es Traditionen, Normen und Regeln gibt, müssen diese den Ethnomethodologen zufolge noch an situative Umstände angepasst werden, um handlungsrelevant zu sein.

> **Kasten 2 ▶   „Reißverschlussmodell"**
>
> Die Konversationsanalyse untersucht und unterstellt Akteuren in Situationen eine prinzipielle Entscheidungsoffenheit darüber, was vor sich geht und was zu tun ist, um eine Kommunikation – in ihren Augen damit die soziale Welt generell – am Leben zu erhalten. Eben weil, so die Unterstellung, die Sozialität eine Vollzugswirklichkeit ist, muss jeder in einer Situation darauf achten, was der andere sagt oder tut, bilden doch diese Aktivitäten die Basis für eine Reaktion, auf die der andere wiederum antwortet und so fort. Kurz gesagt stellen sich KonversationsanalytikerInnen Kommunikationen sowie das soziale Leben insgesamt als eine Art Reißverschlussmodell vor. Das heißt Kommunikationsbeiträge greifen ineinander.

Und zwar auch dann, wenn jemand nicht gleich antwortet; auch nach einer solchen *Redezugvakanz* muss ich entscheiden, ob ich die Kommunikation abbreche oder einen erneuten Anlauf mache. Die Akteure können also nicht anders, als nicht nicht zu kommunizieren (vgl. Watzlawick u.a. 1996, 50ff.). Jeder bewirkt mit seinen Äußerungen eine Weichenverstellung im Kommunikationsablauf, selbst wenn aus Versehen ein Lachen herausplatzt. Konversationsanalytische Fragestellungen sind dementsprechend prozessorientiert. Die Frage dagegen, was in einer Situation „während des Verstehens in den Köpfen der Leute vor sich geht", wird als „unbeantwortbar ignoriert" (Bergmann 1993, 286). Die ethnomethodologische Konversationsanalyse achtet darauf, wie sich im Zuge einzelner Kommunikationsbeiträge eine soziale Prozessordnung herstellt. Akteuren wird damit große Gestaltungsmöglichkeit zuerkannt.

EthnomethodologInnen wollen nicht an der Formulierung von starren Gesetzmäßigkeiten der Wirklichkeit mitarbeiten, sondern die Soziologie für die situative Betrachtung öffnen. Vester (2010, 41) bezeichnet dies als den „Versuch, die Logik der Alltagspraxis […] nachzuvollziehen." Die Ethnomethodologie leistet damit auch ihren Beitrag zur „Demystifizierung von Wissenschaft,

Justiz und Medizin." (A.a.O., 50) Denn auch diese Praxisfelder lassen sich zu einem gewissen Teil zurückführen auf das kleinteilige Ineinandergreifen von verschiedenen Redebeiträgen; d.h. auch traditionsreiche soziale Ordnungen wie die genannten sind nicht einfach gegeben, sondern werden in alltäglicher Praxis (von Professionellen und Klienten) reproduziert.

Kasten 3 ▶   Was ist ethnomethodologische Konversationsanalyse?

KonversationsanalytikerInnen wollen herausfinden, mit welchen Interaktionsmethoden die Individuen zum Beispiel ein Klatschgespräch führen (vgl. Bergmann 1987), im Sozialamt ein Beratungsgespräch gestalten (vgl. Wahmhoff/Wenzel 1979) oder voneinander Abschied nehmen (vgl. Adato 1976). Wie werden solche Gespräche eigentlich begonnen, wie werden sie aufrechterhalten und beendet? Solche Fragen sind typisch für die Konversationsanalyse. Der Name der Methode ist dabei irreführend, denn es werden nicht nur „zwanglose Unterhaltungen [...], sondern Gespräche aller Art, also zum Beispiel auch formelle Interaktionen in institutionellen Settings" (Eberle 1997, 246) betrachtet, und es werden Gesten sowie andere nichtsprachliche Kommunikationsformen berücksichtigt (ebd.).

Die Konversationsanalyse ist ein Untersuchungsverfahren, welches im Prinzip alle Arten von Gesprächen betrachten kann, unabhängig davon, wie sie erhoben wurden (ein Telefongespräch, eine Unterhaltung im Radio, ein Straßengespräch), welchen Umfang sie haben (kurz, länger andauernd) oder wie speziell sie sind (alltäglich, außergewöhnlich).

Weil jedoch viele Gespräche sehr viele Themen aufweisen und auch relativ lange dauern können, wäre es sehr aufwendig, sie hinsichtlich formaler Muster zu untersuchen. Deshalb beschränken sich KonversationsanalytikerInnen oftmals auf Gesprächssituationen, die von sich aus schon eine natürliche Geschlossenheit aufweisen (vgl. Bergmann 1993, 291), wie es beispielsweise bei telefonischen Alarmierungen der Feuerwehr der Fall ist.

KonversationsanalytikerInnen sind also an genauen Beschreibungen und Analysen von Gesprächsabläufen interessiert. Das Hin und Her eines Gesprächs und spezielle Redewendungen sehen sie dabei angeleitet von *Tiefenstrukturen*. Diese sind den Akteuren selber nicht bewusst. Es ist ausreichend, sie in der Praxis angewendet zu haben. Die Tiefenstruktur wirkt als Vollzugswirklichkeit.

Kasten 4 ▶	Das Rätsel Feuerwehrnotrufe: Warum laufen sie alle gleich ab, obwohl doch jeder Anrufer zum ersten Mal anruft?

Bei der Untersuchung von telefonischen Alarmierungen der Feuerwehr stellt sich für die Konversationsanalyse die zentrale Frage: Woher kennen die Anrufer eigentlich diese Form des Anrufens, wo doch die meisten zum ersten Mal anrufen? Dazu Bergmann: „Dass die Feuerwehrnotrufe dennoch so gleichförmig verlaufen, ist angesichts dieser mangelnden praktischen Erfahrungen doch eine Überraschung. Stellt sich diese Gleichförmigkeit [...] im Fortgang des Notrufgesprächs von selbst her? Ist es der notruferfahrene Feuerwehrmann in der Einsatzzentrale, der mit seinem Gesprächsverhalten das kommunikative Geschehen derart steuert, dass daraus letztlich dessen Gleichförmigkeit resultiert? Oder orientieren sich die Interagierenden in ihren Äußerungen an einer kommunikativen Form, einer kommunikativen Gattung, die in unserer Gesellschaft als institutionalisiertes Handlungsmuster eine Lösung für das Problem bereithält, wie man als Bürger Feuerwehrnotrufe tätigt?" (A.a.O., 297)

Tiefenstruktur
Um die Gleichförmigkeit der vielen Gespräche theoretisch zu erklären, nehmen die ForscherInnen an, dass die Abläufe von einer Struktur geleitet sind, die dem einzelnen Anrufer so nicht bewusst ist, die aber dennoch allen Anrufen eine spezifische Form gibt. Die beobachtete Kommunikationsstruktur ist in den Augen der KonversationsanalytikerInnen gleichsam mit einer *Tiefenstruktur* versehen, die die Oberflächen-Kommunikation steuert. Eine solche Tiefenstruktur mit Hilfe beobachteter Gesprächsabläufe ausfindig zu machen, ist das Ziel der Methode.

KonversationsanalytikerInnen werden somit sowohl die gelingende Form als auch abweichende und reparaturbedürftige Formen der Kommunikation auf ihre zugrunde liegenden Tiefenregeln bzw. -strukturen hin untersuchen. Was die einzelnen Akteure tun und was sie zusammen tun, d.h. wie sie aufeinander reagieren: Beide Dimensionen denken sich die ForscherInnen von diesen grundlegenderen sozialen Strukturen beeinflusst.

Formale Regeln des Gesprächsablaufs
Diese grundlegenden sozialen Tiefenstrukturen halten die ForscherInnen als formale Regeln des Gesprächsablaufs fest. In empirischen Unter-

suchungen können KonversationsanalytikerInnen solche formalen Regeln der Gesprächsorganisation nutzen, die sie in anderen Studien herausgearbeitet haben.
Viele Kommunikationen weisen ähnlich formale Muster auf. Die ForscherInnen achten nicht nur darauf, wie detailliert Beiträge sind – d.h. wie indexikalisiert sie sind –, sondern beispielsweise auch, welche Paar-, Einschub- und Nachsequenzen auftreten oder wie sich Redezüge verteilen (vgl. Bergmann 1988, 3:15-17). „Wenn jemand zum Beispiel eine Frage stellt, wird eine Antwort erwartet; denn Frage und Antwort gehören zusammen, sie bilden ein aneinander gelagertes, benachbartes Paar" (Eberle 1997, 252). ForscherInnen wollen mit der ethnomethodologischen Konversationsanalyse typische Kommunikationen nach formalen Merkmalen hin untersuchen, die diese Kommunikationen steuern und am Leben erhalten. So werden etwa Begrüßungen und Wünsche, Wunschverweigerungen, Einladungen oder Komplimente beobachtet (vgl. Bergmann 1988, 3:22). In diesen Typen von Gesprächen sind die formalen Muster der Gesprächsorganisation in je spezifischer Weise ausgeprägt.
Darüber hinaus werden in der Konversationsanalyse auch noch größere Kommunikations-Gattungen gekennzeichnet, wie etwa Erzählungen oder der Klatsch (vgl. a.a.O., 3:24f.).

Kasten 5 ▶ Kommunikative Gattung

Zu kommunikativen Gattungen schreiben Günthner und Knoblauch: „Gattungen stellen [...] historisch und kulturell spezifische, gesellschaftlich verfestigte und formalisierte Lösungen kommunikativer Probleme dar, deren [...] Funktion in der Bewältigung, Vermittlung und Tradierung intersubjektiver Erfahrungen der Lebenswelt besteht. Sie unterscheiden sich von ‚spontanen' kommunikativen Vorgängen dadurch, dass die Interagierenden sich in einer voraussagbaren Typik an vorgefertigten Mustern ausrichten." (Günthner/Knoblauch 1997, 282f.) Im Unterschied zu kommunikativen Mustern weisen Gattungen „einen relativ klar erkennbaren Anfang und ein Ende" auf (a.a.O., 283, Anm. 2). Die Verfestigung der Ablaufstruktur könne verstärkt werden, „wenn die betreffenden Gattungen in ihrer Form von Institutionen festgelegt und durch Satzung vorgeschrieben werden" (ebd.). Die Herausarbeitung von Gattungen ist sehr aufwendig. Eine Gattung ergibt sich erst aus mehreren Untersuchungen. Normale Studien mit der Konversationsanalyse werden sich darauf beschränken, formale Muster

> der Gesprächsorganisation für einen eng umgrenzten Kommunikationsbereich zu spezifizieren.

Wie erwähnt, legt die ethnomethodologische Konversationsanalyse besonderes Schwergewicht auf die Untersuchung von „Vollzugswirklichkeiten". Sie beobachtet Handlungen der Akteure und führt sie auf Tiefenregeln zurück. Keinem Beteiligten sind Tiefenregeln als solche bewusst. Hierbei fokussiert die klassische Konversationsanalyse den unmittelbaren Ablauf einer Kommunikation.

Analyse von institutionellen Settings
In diesem Zusammenhang ist es auch möglich, soziologische Fragestellungen, zum Beispiel nach der Bedeutung des Alkohols, innerhalb eines institutionellen Settings zu untersuchen (vgl. Eberle 1997, 269f.). Die ForscherInnen könnten etwa die Kommunikation in einer Entzugsanstalt betrachten (vgl. zur Kommunikation in Anstalten die klassische Studie von Goffman 1973). In einer solchen Studie (Beispiele zu solchen Studien nennt Eberle 1997, 262) würde man wie gewohnt die Methoden betrachten wollen, mit denen Akteure das Thema Alkohol in der Interaktion herstellen. Zusätzlich geraten Unterschiede zwischen einem Professionellen und einem Klienten in den Blick, z.B. was die Definitionsmacht eines Professionellen in einer Beratungssituation angeht. ForscherInnen müssen jedoch auch in einer solchen Studie im Einzelnen zeigen, wie die institutionalisierte Macht des Beraters (und die institutionalisierte Ohnmacht des Klienten) *in der Interaktionssituation* realisiert wird. Eine strukturelle Macht der Institution ist gemäß den Prämissen der ethnomethodologischen Konversationsanalyse nur im situativen Hin und Her der Kommunikationspartner herstellbar.

Kasten 6 ▶ Beispiel „Macht in der Schule"

So reproduziert sich auch Macht in der Schule. EthnomethodologInnen gehen nicht einfach davon aus, dass Macht „da" ist – als würde zum Beispiel eine Lehrkraft morgens in ihre Schule gehen, um sich „ihr Paket Macht" im Lehrerzimmer abzuholen und es dann im Klassenzimmer einzusetzen. Vielmehr zeigt sich die Macht der Lehrkraft in den Redezügen, die sie *in der Interaktion mit den Schülern* realisiert. Das heißt, *auch die Schüler* realisieren in der Interaktion, in ihren Redezügen Macht. Hier ist das Beispiel von Willis (1982) zu nennen, der zeigt, dass manche Jugendgruppen geradezu eine Kunst der Provokation beherrschen, in dem sie z.B. im Unterricht wie zufällig alle nacheinander aufs Klo gehen oder (angeblich) „nach draußen müssen", wobei sie mitunter auch die Lehrkraft ein bisschen anrempeln, dann aber sagen „ich will nur mal schnell vorbei, Sir". Hierbei scheint die Anrede „Sir" noch die Form zu wahren, aber die Ausrede („ich will nur mal schnell vorbei") ist natürlich als Ausrede erkennbar, ebenso wie das Anrempeln spürbar ist. Die Gesamtbotschaft ist ambivalent; entscheidend ist, welches Element die Lehrkraft in ihrer Anschlusshandlung herauspickt. Geht sie auf den Rempler ein, „kocht" sie die Situation „hoch"? Oder nimmt sie die Ausrede hin, geht nicht weiter auf die Situation ein? Oder bezieht sie sich auf das „Sir"? Oder entlarvt sie die Ironie, die in der Szene steckt? Auch wenn die Lehrkraft erst einmal nicht reagiert, können die „Rebellen" nicht ausschließen, dass sich bei der Lehrperson etwas aufstaut und sie es die Schüler später spüren lassen wird. Auch die Lehrkraft weiß nicht, wie lange die Situation noch weitergeht, ob noch mehr SchülerInnen „nur mal schnell vorbei" wollen. *Für beide Parteien ist also der Verlauf der Situation riskant.* Entscheidend sind die „Reißverschlüsse" der Interaktionsbeiträge, die Anschlusshandlungen. „Macht" ist in dieser Situation nicht klar verteilt – *jederzeit kann etwas anderes passieren; eben dies ist schlechthin die Grundauffassung der EthnomethodologInnen von der sozialen Wirklichkeit*, auch wenn es nicht explizit um Macht geht.

Merkmale und Ablauf ethnomethodologischer Studien
Unabhängig davon, um welches Thema es sich handelt, ob z.B. Macht oder Alkohol: Würden die SoziologInnen mit der Konversationsanalyse zum Beispiel das Thema Alkohol als soziales Phänomen in einer Entzugsanstalt erforschen wollen, würden sie „Alkohol" nicht einfach als Tatbestand voraussetzen, sondern zeigen wollen, wie sich dieses Thema in einzelnen Kommunikationsakten erst herstellt. Bei der Auswertung soll strikt daten- und nicht theoriegeleitet vorgegangen werden; datengeleitet vorzugehen bedeutet, dass die ForscherInnen vorhandene Theorien nicht verwenden dürfen (vgl. Eberle 1997, 259). Unter dem Anspruch, Vorwissen radikal einzuklammern und somit sehr empirienah zu sein, ist zu zeigen, dass und wie sich das Thema Alkohol in jeder einzelnen Sequenz, sei sie noch so unbedeutend, „prozedural auf das Gespräch auswirkt" (a.a.O., 264). Dabei muss „ein leises Räuspern, eine kleine Dehnung, ein kurzes Ausatmen [...] als Beitrag zu einer und als Bestandteil einer Ordnung betrachtet werden" (a.a.O., 259).

Für die Datenauswertung ergibt sich daraus die Notwendigkeit, Interaktionssequenzen anhand von Transkriptionen – d.h. Abschriften von Gesprächen – möglichst genau zu beschreiben. Was könnten typische Muster sein, die die

ForscherInnen herausfinden: angenommen sie untersuchen Auswirkungen von Alkohol, würden sie viele Gespräche mit Betroffenen führen und die Transkripte vergleichen.

> Die ForscherInnen sehen dann vielleicht, dass das Thema Alkohol in *Eröffnungsphasen* von Gesprächen nur zögerlich angesprochen wird, weil es ein Tabuthema ist.
> Dann jedoch kommen die Interaktionspartner davon im *Hauptteil* der Konversation nicht mehr los; jeder erteilt vielleicht dem anderen ungern das Wort, weil man aufgestaute Erfahrungen loswerden möchte.
> Und am *Ende* bricht das Gespräch vielleicht abrupt ab oder geht auf unverfängliche Bereiche zurück, weil jeder eine ungewisse Zukunft mit dem Alkoholproblem vor Augen hat.
> Ein solches Grundmuster könnten die ForscherInnen mit der Konversationsanalyse anhand von Interviewfällen darlegen. Hierbei interessieren die Strategien der Akteure nicht als solche, sondern gleichsam nur als Oberflächenphänomene, hinter denen die eigentlich interessierenden, formalen Ordnungs- oder Tiefenelemente von Kommunikationen zu erkennen sind. Wenn diese Elemente methodisch korrekt formuliert sind, müssen sie sich in allen Kommunikationssituationen wiederfinden lassen, in denen das gleiche Problem auftritt. Die ForscherInnen müssen am Datenmaterial zeigen, „auf welche Weise die Interagierenden selbst in ihren Äußerungen und Handlungen diese formalen Mechanismen berücksichtigen" (Bergmann 1995, 217).

Bezüglich des Vorgehens in der Konversationsanalyse lässt sich sagen: Zunächst müssen sich ForscherInnen einen ungefähren Eindruck von dem zu untersuchenden Gespräch verschaffen. Widmet man sich telefonischen Notrufgesprächen, wie es Bergmann (1993) tut, kann man sehr viele von ihnen erheben und auswerten, denn die Gespräche sind kurz und weisen nur ein Thema auf. So hat Bergmann in seiner Untersuchung über einhundert Feuerwehrnotrufe betrachtet (vgl. a.a.O., 291). Wenn die Gespräche länger sowie thematisch vielfältiger sind, wird die Studie erheblich aufwendiger.

Sodann gehen die ForscherInnen die Transkripte Detail für Detail durch, um deren Verlaufsstruktur zu ermitteln. Sie achten nicht nur darauf, was gesagt wird, sondern auch, *wie* dies geschieht.

> **Kasten 7 ▶ Beispiel Feuerwehrnotrufe (Wiederholung von Kasten 1, Kapitel 3)**
>
> So stellt Bergmann fest: Die erste Phase von Feuerwehrnotrufen beginnt in der Regel mit Identifizierungen der Gesprächsparteien bzw. mit dem Austausch von Grußformeln. Das klingt trivial, wird jedoch dadurch interessant, *wie* sich der Einsatzleiter telefonisch mit „Feuerwehr" meldet:
>
> „Nicht nur, dass dieses ‚Feuerwehr' sprachlich zumeist kurz und mit erhöhter Lautstärke, gleichsam in militärischem Tonfall realisiert wird. Am nachhaltigsten wird die Rezeption dieser ersten Äußerung der Einsatzzentrale dadurch geprägt, dass sie in ihrer Intonationskurve zum Ende ansteigt, und zwar oft so stark, dass sie die Kontur einer Frageintonation erreicht. Damit wird jedem Anrufer unmittelbar der Eindruck vermittelt, dass er es hier mit einer Einrichtung zu tun hat, die sich – selbst ohne konkrete Alarmierung – bereits in höchster Bereitschaft befindet, gewissermaßen in den Startlöchern sitzt und nur auf einen geeigneten Anlass wartet, um in Aktion treten zu können. Auf diese Weise wird der Anrufer gleich zu Beginn ermahnt und gedrängt, auf keinen Fall weitschweifig auszuholen, sondern sogleich und direkt zur Sache zu kommen." (A.a.O., 294)
>
> Man sieht an diesem Beispiel, worauf es den KonversationsanalytikerInnen ankommt, nämlich auf die genaue Beschreibung eines Gesprächssegments. Dieses wird in seinen Auswirkungen auf die soziale Interaktion untersucht; nachdem der Anrufer das strenge „Feuerwehr" gehört hat, wird er sich knapp halten. Was sich Anrufer und Feuerwehrmann beim Wort „Feuerwehr" gedacht haben mögen, ist dabei unerheblich, es sei denn, die Gedanken haben zu einem Interaktionsbeitrag geführt. ForscherInnen betrachten die gesamte Situation dahingehend, wie sich eine einzelne Äußerung auf den Fortgang der Interaktion auswirkt, unabhängig davon, was den Einzelnen zu seiner Äußerung motiviert haben mag oder was er sich dabei dachte.

Nachdem Bergmann den Anfang der von ihm untersuchten Gespräche betrachtet hat, widmet er sich anderen Gesprächsteilen. Nach und nach konturiert er eine Ablaufstruktur der Notrufgespräche heraus, die noch aus folgenden weiteren Teilen besteht: 2. der Anrufer trägt sein Anliegen vor; 3. danach fragt die Einsatzzentrale in der von Bergmann sogenannten „Abklärungsphase" nach dem konkreten Ort des Ereignisses; 4. erfolgt die Einsatzzusicherung und schließlich 5. die Beendigung des Gesprächs (vgl. a.a.O., 294-296). Alle Phasen haben eine eigene interne Struktur. Wollte man diese mit alltäglichen Gesprächen vergleichen – was die KonversationsanalytikerInnen selten unternehmen, weil Vergleiche in der Methode nur einen geringen Stellenwert haben –, ließe sich etwa bemerken, dass die Verabschiedungsformeln in Phase fünf extrem kurz sind („okay") – es darf bei einem Rettungseinsatz ja keine Zeit mit umständlichen Höflichkeitsformeln vergeudet werden.

Ist von den ForscherInnen einmal eine typische Ablaufstruktur für den untersuchten Bereich herausgearbeitet worden, können sie leicht Abweichungen von dem typischen Muster identifizieren. Wenn zum Beispiel Kinder einen Streich spielen, indem sie die Feuerwehr alarmieren, kann das Gespräch unter Umständen nur eine einzige Phase aufweisen (nach dem Muster: „Kommen Sie schnell nach X, dort brennt es" (Ende des Gesprächs)). Dies könnte der Einsatzzentrale schon deshalb verdächtig sein, weil es keine Eingangsphase gibt, in der sich der Anrufer identifiziert. Erst damit unterstreicht ein Notrufer seine ernsten Absichten. Auch wenn man das Ergebnis „Ein Anruf bei der Feuerwehr aus Spaß ist erheblich kürzer" vom Alltagsverstand her vermuten kann, ist es nun jedoch wissenschaftlich formulierbar, nämlich als Abweichung von einer „Normalform" eines Notrufs.

Ethnomethodologische KonversationsanalytikerInnen haben viele der Begriffe, die heute als Methodenarsenal zur Verfügung stehen, in sogenannten Krisenexperimenten gewonnen. Diese Experimente bestanden darin, sich in einer Kommunikation ganz bewusst ungewohnt zu verhalten und dann zu beobachten, wie der andere reagiert.

Kasten 8 ▶   Krisenexperimente nach Garfinkel

StudentInnen können Krisenexperimente im Sinne von Garfinkel (1967, 35-75) leicht nachmachen, indem sie in einem beliebigen Gespräch penetrant nachfragen, was denn der andere mit seiner Äußerung gemeint habe. Eine Studentin notierte für ihre Hausarbeit zum Beispiel folgendes, von ihr selbst durchgeführtes Experiment. Die „Versuchsanordnung" bestand darin, dass der Partner morgens vor dem Spiegel steht und für einen Fototermin eine Jacke anprobiert:

Person:	Passt das?
Studentin:	Was meinst du mit „passt das"?
Person, ungeduldig:	Na, die Jacke!

Studentin:	Was meinst du mit „passt die Jacke"? In der Farbe, bezüglich der Größe, zur Jahreszeit?
Person, ärgerlich:	Kann man heute Morgen keine vernünftige Antwort von dir bekommen? (Verlässt den Raum)

Dieses Beispiel verdeutlicht, wie voraussetzungsvoll selbst einfache Gespräche sind. Ein schematisches Nachfragen („Was meinst du mit ...?") kann eine Kommunikation zum Einsturz bringen.

Grundgedanke der Krisenexperimente ist, *in den Störungen indirekt formale Muster für ein Gelingen der Kommunikationen zu erkennen*. Diese formalen Muster werden als Ordnungsbegriffe festgehalten.

Einige der Muster sind so allgemein, dass sie in allen Kommunikationsbeiträgen wieder auftauchen:

Mit dem Begriff der *Indexikalität* bezeichnen die ethnomethodologischen KonversationsanalytikerInnen ein zentrales Ordnungselement von Kommunikation: Sinn und Bedeutung einer Äußerung ergeben sich daraus, welche Äußerungen vorher in einer Situation gefallen sind (vgl. Garfinkel/Sacks 1976, 141-146).

In obigem Beispiel bezieht sich „Passt das?" ganz eindeutig auf die Jacke, die der Betreffende gerade vor dem Spiegel anzieht. Mit ihrer einfachen Nachfrage „Was meinst du mit ‚passt das'?" sprengt die Studentin gleichsam die Situation. Sie deutet an, dass die Äußerung in anderen Situationen etwas anderes bedeutet, und genau dies verwirrt die Person vor dem Spiegel.

Kasten 9 ▶ Beispiele für Indexikalisierung

‚Passt das' könnte zu einer anderen Zeit, an einem anderen Ort anders „indexikalisiert" sein; zum Beispiel eine Nachfrage darstellen, ob man beim Rückwärtseinparken noch Platz hat oder man einen Kreuzbube auf eine Kreuzdame legen darf. Jeder, der den Kontext der Situation kennt, weiß die Bedeutungen einzelner Äußerungen einzuschätzen. Die einzelnen Äußerungen sind durch die spezifische Situation indexikalisiert – man versteht, was mit ‚Passt das?' gemeint ist. Jemand, der den Kontext der Situation nicht kennt, kann sich leicht als „Situationstrottel" outen.

> In der Zeitung wurde z.B. von einem Paar berichtet, das in der Wohnung nebenan laute Ausrufe hörte: „Dich mach ich fertig", „Dir besorg ich's". Das Paar alarmierte daraufhin die Polizei. Die fand einen Mann, der mit seinem Schachcomputer eine Partie Schach spielte. Im Kontext dieser Situation sind die Ausrufe des Mannes vollkommen klar – und ganz anders als der Kontext, den das Paar annehmen musste.

In unserem Beispiel mit der Jacke hat sich der Mann vielleicht sein Unverständnis, warum seine Partnerin jetzt nachfragt, zunächst nicht anmerken lassen. Die Kommunikation lässt sich ja leicht durch Wiederholungen von Äußerungen reparieren („Na die Jacke"). Außerdem könnte er sich sagen, dass Missverständnisse schon mal vorkommen, weil eine Äußerung akustisch nicht verstanden wurde oder weil man selbst undeutlich sprach. In unserem Beispiel ist die Störung jedoch ungewöhnlich, weil mehrmalig die gleiche Nachfrage kommt. Und da die Studentin jeweils die vorangehende Äußerung aufgreift, fallen akustische Verständigungsschwierigkeiten aus.

Vielmehr wird durch die Nachfragen bewusst eine Unterstellung verletzt, die Kommunikationen in der Regel aufrechterhalten, nämlich *dass der andere meine Äußerungen schon verstehen werde* (vgl. Garfinkel 1973, 205). Die Gesprächspartner reagieren, so fasst Eickelpasch Garfinkels Krisenexperimente zusammen, „mit Erstaunen [...] oder Aggressionen" (Eickelpasch 1982, 21). Offensichtlich überfordert die Abkehr von der Unterstellung, der andere werde schon verstehen, und erzeugt emotionale Reaktionen.

Kasten 10 ▶ Wiederholung Tiefenregeln

Die Betroffenen sind weder in der Lage, Gründe für die Störung der Kommunikation, noch für deren Gelingen anzugeben. Entsprechend formuliert Garfinkel, dass die Tiefenregeln der Kommunikation „handlungsanleitend" seien, ohne jedoch „selbst zu Objekten der Aufmerksamkeit zu werden" (Garfinkel 1973, 193). Dies zeigt noch einmal, dass KonversationsanalytikerInnen an Kommunikationen und deren Störungen nicht als Oberflächenphänomenen interessiert sind, sondern nach dahinterliegenden formalen Mustern – sprich Tiefenregeln – durchsuchen.

Neben der Indexikalität haben KonversationsforscherInnen u.a. noch folgende formale Muster der Kommunikation festgehalten:

- *Kontextabhängigkeit und Kontexterneuerung*: Jede Bedeutung einer Kommunikation ist von einem Kontext abhängig, der durch vorangehende Äußerungen entsteht. Während etwa ein Schweigen eine Unhöflichkeit wäre, wenn mich mein Nachbar grüßt, wäre das gleiche Verhalten bei einer Trauerfeier vielleicht eine angemessene Reaktion. Gleichzeitig ist jede Kommunikation kontexterneuernd; sie bildet den Kontext für die nächste Handlung (Eberle 1997, 256). So könnte etwa mein Nachbar mein Schweigen zum Anlass nehmen, mich zu fragen, ob etwas passiert sei.
- Akteure sind in Kommunikationssituationen gleichsam *tolerant*, weil sie von sich aus unvollständige Äußerungen oder Bedeutungslücken komplettieren („filling in") oder inkonsistente Äußerungen übergehen („let it pass") (Eickelpasch 1994, 139).
- In Kommunikationssituationen werden oft *typische Wissensbestände* verwendet – z.B. liegt ein „typisches Gerichtsverfahren" oder ein „normaler Arbeitstag" vor –, auch wenn diese typischen Wissensbestände nur vorläufige Deutungen einer Situation erlauben (a.a.O., 139f.).
- Akteure deuten eine Kommunikationssituation nicht nur anhand aktueller Äußerungen, sondern betten sie in gleichsam *fiktive Gesamtgeschehnisse* ein. Der Sinn von aktuellen Äußerungen ergibt sich aus dem, was war, und aus dem, was noch kommen wird (a.a.O., 140).
- Haben die Akteure keinen gemeinsamen Sinn mehr in einer Situation, kann es zu einer „Entindexikalisierung" (Abels 2009, 15) kommen, d.h. stillschweigende Annahmen der Situation werden geklärt (z.B.: „Leute, was wollen wir hier eigentlich?" „Wollten wir nicht eigentlich ins Kino gehen?"), der gemeinsame Sinn wird wieder gefunden.

5.2 Fazit zu Garfinkel

Trotz des Anspruchs, stark empirienah zu arbeiten und die Praxis von Akteuren zu beobachten, stützt sich die Methode auf Theorierahmen. Die beobachteten Praktiken werden theoretisch durch formale Muster erklärt, die von den Akteuren selbst nicht beobachtet werden können. Beobachten lassen sich immer nur Anwendungen dieser Muster. Und dies bedeutet, die formalen Muster der Praxis lassen sich im strengen Sinne nicht empirisch beweisen, denn die ethnomethodologische Konversationsanalyse setzt von Anfang an (vor die empirische Analyse) eine Trennung zwischen a) kommunikativen Oberflächenphänomen, die sich beobachten lassen und die den Akteuren auch bewusst sind, und b) Tiefenregeln (Strukturen) der Kommunikation, die nur von den ForscherInnen analytisch herausgearbeitet werden können.[1] Sie erkennen den Akteuren zunächst erhebliche Handlungs- und Interpretationsspielräume bei der Anwendung von formalen Mustern (Strukturen, Regeln) zu, um diese anschließend potenziell wieder durch den Nachweis von „Metaregeln (Regeln, die die Handhabung von Regeln regeln)" (Kelle 1994, 52) außer Kraft zu setzen. Mit anderen Worten setzen die ForscherInnen den Gewinn – nämlich empirienahe Beschreibungen über situativ hergestellte soziale Wirklichkeiten – durch Theorieerklärungen wieder aufs Spiel, die sich im strengen Sinne nicht empirisch überprüfen lassen.

Insgesamt ist das Verhältnis von empirienahen Beschreibungen und erklärenden Metaregeln (= die Kommunikation steuernde Strukturen) in diesem Ansatz gelinde gesagt komplex:

> Wenn die Ethnomethodologie von ‚Bereichen selbstorganisierender Praktiken' und die Konversationsanalyse von ‚Apparaten' und ‚Maschinerien' spricht (sprich Metaregeln, die die Praktiken regeln; TB), leuchtet eine Affinität zu systemtheoretischen Konzepten auf; wenn sie von ‚Members [...] methods' redet, scheint sie sich dagegen als Handlungstheorie zu verstehen. Aufgrund der Empirieorientierung und weitgehender Theorieabstinenz bleibt dieses Verhältnis weitgehend ungeklärt[2] und lässt Raum für ausholende Debatten. (Eberle 1997, 257)

Aber die Kritik daran, wie die „Theoriebrille" der Ethnomethodologie „gebaut" ist, lässt sich auch positiv wenden, denn genau so, wie die Brille konstruiert wurde, können ForscherInnen mit ihr auch etwas Bestimmtes sehen bzw. beobachten. Beobachtet werden insbesondere Abläufe der Interaktion und Kommunikation und wie ein bestimmtes Element der Kommunikation eine Anschlusshandlung möglich macht.

Kasten 11 ▶	Akteure fragen sich gemäß der Ethnomethodologie: What to do next?

Diese Abläufe sind nach dem Verständnis der KonversationsanalytikerInnen „durch eine spezifische Zeitökonomie gekennzeichnet. Handelnde stehen im Alltag, wenn sie in Interaktionen mit anderen eintreten, in der Regel unter einem fortwährenden Handlungsdruck, dessen Missachtung

---

[1] Zur Kritik an dieser Position und an anderen Positionen des ethnomethodologischen Forschungsprogramms vgl. Eickelpasch 1994, 140-142.
[2] An dieser Stelle verweist Eberle auf die Kritik von Knoblauch 1995, 88ff.

sogleich den Vorwurf der Inkompetenz, der Unaufmerksamkeit oder der Böswilligkeit nach sich zieht. Es ist daher eine vordringliche Funktion von Verstehensleistungen im Alltag, den Akteuren rasch verlässliche Möglichkeiten für Anschlusshandlungen aufzuzeigen, also Antworten zu generieren für ‚the practical question par excellence: What to do next?'" (Garfinkel 1967, 12, zitiert nach Bergmann 1993, 286).

Die Suche nach Anschlusshandlungen wird von den ForscherInnen nachvollzogen, indem sie Kommunikationssequenz für Kommunikationssequenz auf ihre möglichen Bedeutungen hin abklopfen. Es interessiert, welchen Beitrag eine einzelne Äußerung für den Gang der Kommunikation besitzt, d.h. welche Anschlusshandlungen sie möglich macht und welche sie ausschließt.

5.3 Beobachtungen der StudentInnen zu Garfinkel

Die Arbeitsaufgabe für die StudentInnen bestand darin, gemeinsam in der Gruppe folgende Fragestellung auf einer DIN A4 Seite zu beantworten: „Nehmen Sie folgende Situation an: Zwei oder mehrere Studierende treffen sich nach dem Besuch einer universitären Veranstaltung (Seminar oder Vorlesung). (An welchem Ort sich die StudentInnen treffen, das kann Ihre Arbeitsgruppe nach Belieben konstruieren.) Die Frage für die Arbeitsaufgabe lautet: Wie läuft das Gespräch typischerweise ab? Ist der Gesprächsverlauf – ähnlich wie ein Notruf bei der Feuerwehr – eine ‚kommunikative Gattung', d.h. ein typisches, nach bestimmten Regeln verlaufendes Gespräch, hier: ‚Unterhaltung nach einem Seminar'?" Zur Bearbeitung standen Sekundärtexte von Brüsemeister (2008), Abels (2009) und Vester (2010) zur Verfügung. Zwei Gruppenergebnisse werden exemplarisch wiedergegeben:

Kasten 12 ▶ Zwei Beispiele studentischer Gruppen

Gruppe Eins – Unterhaltung nach einem Seminar
Die sichere Bestimmung der *Unterhaltung nach einem Seminar* als eine kommunikative Gattung würde empirische Forschung in einem Umfang erfordern (vgl. Brüsemeister 2008, 190), wie wir sie hier nicht leisten können. Als Grundlage für unsere folgenden Überlegungen bleiben uns also lediglich unsere eigenen Alltagserfahrungen, die allerdings als Grundlage eine gewisse Legitimität besitzen, denn „[der] weitaus wichtigste Bereich,

in dem wir handeln, ist der Alltag. Ihn nehmen wir als erste und unmittelbare Wirklichkeit wahr" (Abels 2009, 1).
Ausgangspunkt für diese Aufgabe ist, dass unsere studentischen Akteure das gleiche Seminar besuchen und sich nach einer Klausur unterhalten. Die Klausur und die damit hervorgerufenen Emotionen bilden den Kern des Gesprächs, welches man auch als gemeinsames Anliegen bezeichnen kann. Wir haben uns dafür entschieden, weil laut Brüsemeister „viele Gespräche sehr viele Themen aufweisen und auch relativ lange dauern können" (2008, 190). Da es zu aufwendig wäre, „sie hinsichtlich formaler Muster zu untersuchen [...], beschränken sich KonversationsanalytikerInnen oftmals auf Gesprächssituationen, die von sich aus schon eine natürliche Geschlossenheit aufweisen (vgl. Bergmann 1993, 291), wie es auch bei telefonischen Alarmierungen der Feuerwehr der Fall ist" (a.a.O., 190). Es sei noch erwähnt, dass Gespräche durch unterschiedliche Akteure mit unterschiedlichen Anliegen in verschiedenen Kontexten stark variieren. Dies zu unserer Begründung der Einschränkung, dass die Akteure soeben die gleiche Klausur geschrieben haben.
Unserer Überlegung nach erfolgt zunächst einmal eine Begrüßung. Auch wenn sie bereits vorher stattgefunden hat, taucht auch nun ein einleitendes „Na?" oder Ähnliches auf. Die Akteure teilen alle das gleiche Erlebnis, was sich nun in ihrem Gespräch zeigt: Wie es bei Klausuren meist der Fall ist, war die Zeit, um alle Aufgaben zu erfüllen, viel zu knapp; die unterschiedlichen Klausurkonzeptionen, die als Klausur A und B auftauchen, waren natürlich ungerecht; die Studenten tauschen sich über mögliche Lösungen aus, wobei sie darüber diskutieren, was letztendlich richtig oder falsch war, bis einer der Akteure beschließt, nicht mehr darüber reden zu wollen, weil die Ungewissheit nervös macht und Zweifel aufkommen können; diverse andere Vorfälle (wie z.B. Toilettengänge, die verdächtig lange dauerten usw.) werden erwähnt; die Akteure beschweren sich untereinander über die Aufsichtspersonen, die viel zu aufdringlich neben oder hinter einem standen und einen nur unnötig nervös machten und ablenkten; es kamen selbstverständlich schon wieder Aufgaben dran, die in der Vorlesung oder dem Seminar überhaupt nicht besprochen oder als unwichtig abgestempelt wurden usw. Am Schluss folgt meist ein „Naja, wird schon" oder Ähnliches. Man will sich keine Gedanken mehr darüber machen, da es sowieso keinen Sinn macht, sich Sorgen zu machen und man noch eine ganze Weile auf die Ergebnisse warten muss. Es folgt eine (optimistische) Verabschiedung.
Wir sind der Meinung, dass es sich bei unserem Beispiel um eine kommunikative Gattung handelt, also um ein typisches, nach bestimmten Regeln

verlaufendes Gespräch, welches dazu dient, die Beteiligten zu beruhigen und ihr Problem miteinander zu teilen. Der Grund dafür ist die Klausur, die als gemeinsames Erlebnis zu einem gemeinsamen Gesprächsstoff wird. Anders wäre es, wenn eine Gruppe von Studenten aus unterschiedlichen Seminaren käme: Dann hätte jeder sein eigenes Anliegen und eine Konversationsanalyse wäre deutlich schwieriger.

Gruppe Zwei – Vier Studenten im Zug
Im Folgenden möchten wir einen Gesprächsverlauf von Studenten nach Veranstaltungsschluss auf typische Merkmale untersuchen. Vier Studenten fahren mit dem Zug nach Hause. Zwei von ihnen hatten zuletzt eine Mathevorlesung, die anderen eine Psychologieveranstaltung. Beide Parteien kommen mit unterschiedlichem Hintergrundwissen und aus verschiedenen Situationen, mit verschiedener Indexikalität, zusammen. Welchen Verlauf wird das Gespräch nun nehmen? Typischerweise ist die Gesprächseinführung eine oberflächliche Unterhaltung über Themen, bei denen eine gemeinsame Wissensbasis vorhanden ist. Dies kann zum Beispiel ein Gespräch über die Universität im Allgemeinen oder der verspätete Zug sein. Sind diese Themen erschöpft, so drehen sich die Gedanken der Einzelnen wieder verstärkt auf vorangegangene Situationen aus ihren jeweiligen Veranstaltungen. Somit setzt sich ein Gesprächsverlauf, bei dem nicht alle über einen gleichen Wissenshintergrund verfügen, fort. Dadurch kommt es zwangsläufig zu einem Gespräch innerhalb der Parteien oder zu Verständigungsproblemen zwischen beiden. Bleibt das Gespräch innerhalb der Mathe- und Psychologiestudenten, so können diese tiefer in ihr Gespräch eintauchen, müssen sich den Anderen aber nicht erklären. Sie können ganz selbstverständlich mit ihren Begriffen umgehen. Führt eine Partei jedoch ein tiefgründigeres Gespräch, hier die Mathestudenten, und die zweite folgt diesem, so kommt es zu Verständigungsproblemen. Hieraus ergeben sich wieder zwei mögliche Gesprächsfortführungen. Zum einen besteht die Möglichkeit, dass die Psychologiestudenten dem Gespräch folgen und Unbekanntes hinnehmen. Dabei hoffen sie darauf, dass sich Unbekanntes im Laufe des Gesprächs von selbst erklärt. Des Weiteren kann es zu einer „Entindexikalisierung" (Abels 2009, 15) kommen, d.h. stillschweigende Annahmen der Situation werden erklärt. Möglich sind hier zwei Varianten: entweder erfolgt eine Nachfrage der Zuhörer aufgrund von Unsicherheiten oder es kommt zu einer freiwilligen Erklärung der Sprecher. Dadurch „stellen die Handelnden einen gemeinsamen Sinn wieder her, der kurzfristig in Frage gestanden hat." (Ebd.)

> Vergleicht man den typischen Gesprächsverlauf bei einem Feuerwehrnotruf (vgl. Brüsemeister 2008) mit dem hier Aufgezeigten, so werden deutliche Unterschiede sichtbar. Während bei einem Notruf immer das gleiche Ziel verfolgt wird und sich dadurch der Ablauf gleicht, zeigt unsere Analyse, dass der Gesprächsverlauf zu Beginn unklar ist. Es gibt viele Optionen für den Verlauf und es wird kein genaues Ziel verfolgt. Somit zeigen sich auch hier Regelmäßigkeiten, diese gestalten sich jedoch offener als der Feuerwehrnotruf.

5.4 Kommentare zu den Beobachtungen der StudentInnen

Eine der Gruppen gibt an, sie habe sich für die Beantwortung der Fragestellung auf besonders relevante Abschnitte des Textes beschränkt. Die Gruppe beschließt weiter, dass jedes Gruppenmitglied jede Textstelle liest, und zwar um sicherzugehen, „dass alle Textpassagen mehrfach gelesen wurden und ein eventuelles Missverstehen eines der Gruppenmitglieder später in Diskussionen auffallen und die Beantwortung der Aufgabenstellung nicht in eine falsche Richtung lenken würde." Insgesamt wird also eine selektive Strategie, nur bestimmte Seiten zu lesen, gepaart mit einer expansiven Strategie: Jeder soll lesen. Dabei sollte jedes Mitglied bereits auch Textstellen für spätere Zitate im Ergebnispapier sammeln. Alle Mitglieder sollen etwas besorgen; man könnte diese Strategie „Ausschwärmen" nennen, da jeder ein ‚Beutestückchen' heranschaffen soll.
Weiter gibt die Gruppe an:

> Von grundlegender Bedeutung beim Lesen von Texten dieser Art ist es, zu filtern. Es geht zwar durchaus darum, die Zusammenhänge zu begreifen und zu verinnerlichen, also den ganzen Text in einen logischen Zusammenhang zu bringen, aber es ist auch immer darauf zu achten, Details, die nichts mit der Aufgabenstellung zu tun haben, auszublenden. Auch in Anbetracht der Tatsache, dass die Ergebnisdarstellung auf eine DIN A4 Seite begrenzt ist, ist es nötig, Informationen zu filtern und nach Wichtigkeit zu ordnen – sicher ist es möglich, noch weit mehr zur Beantwortung der Aufgaben zu schreiben, jedoch nicht gefordert.

Informationen filtern, Details auslassen und nach Wichtigkeit ordnen: besser kann man die in diesem Lernsetting gestellte Anforderung nicht auf den Punkt bringen. Die Gruppe grenzt dies auch gut zur zweiten Anforderung ab, mit wissenschaftlichen Texten umzugehen, denn dies erfordere, den „ganzen Text in einen logischen Zusammenhang zu bringen".

> **Kasten 13 ▶ Intensitäten angeben als Forschungsaufgabe in den Sozialwissenschaften**
>
> Ein wichtiger Begriff für die Gruppe ist „kommunikative Gattung", den sie mit den bereitgestellten Texten nicht eindeutig bestimmen konnte. Auch andere Textrecherchen lösten das Problem nicht. Ihre Hauptfrage findet die Gruppe nicht beantwortet: „Wie genau müssen Gespräche einer Art einander ähneln, um als eine kommunikative Gattung gelten zu können"? Die Gruppe ist auf ein Hauptproblem sozialwissenschaftlicher Forschung gestoßen, nämlich *Intensitäten der untersuchten Gegenstände* angeben zu müssen. Die meisten Untersuchungsgegenstände in den Sozialwissenschaften liegen nicht als 0 oder 1 vor, d.h. sie sind nicht zu 0% oder zu 100% gegeben, sondern sie liegen *zwischen 0 und 1. Es geht also um die Intensität eines Phänomens.* So auch in unserem Beispiel: Ab wann spreche ich von einer kommunikativen Gattung? Wenn die Hälfte aller Gespräche ein und derselben Form folgt? Oder 33%? Oder 66%?
> Die studentische Gruppe kam durch einen Hinweis der BetreuerInnen darauf, dass der eigentliche Gewinn ist, diese Frage *zu haben*. Die Frage ist Ausdruck einer Erfahrung. Sie wird die Mitglieder fortan weiter begleiten und auch Dinge anders sehen lassen, denn sie lässt sich auf jeden wissenschaftlichen Begriff anwenden: Wo beginnt der Begriff, was gehört dazu, was nicht?

Weiter betont die Gruppe noch einen anderen Aspekt, nämlich dass der schwierigste Teil der Aufgabe im Schreiben des Textes bestand:

> Was das Notieren auf der Ergebnisseite angeht, ist kein wirkliches Rezept zu nennen. Es ist wichtig, die Formulierungen so zu wählen, dass die Aussagen, die man machen möchte, verständlich ausgedrückt sind, aber auch nicht zu detailliert, um nicht ins Nacherzählen abzudriften und damit zu viel Platz zu verschwenden. Mit einer prägnanten Ausdrucksweise schafft man es, möglichst viel von dem, was man sagen möchte, auf die Ergebnisseite zu bringen, was sich leichter anhört, als es ist. Dieser Teil war für uns hierbei der schwierigste, da man sich entscheiden muss, auf welche Aspekte man eingeht, welche man nur anschneidet und welche man außen vor lässt. Dazu ist vor allem die Kommunikation innerhalb der Gruppe von Bedeutung, da man erst in Diskussionen merkt, welche Aspekte man selbst für bedeutsam hält, und auch Formulierungen sollten diskutiert werden.

Als Gewinn wird die Gruppenkommunikation hervorgehoben. Es sei oftmals erst im gemeinsamen Gespräch klar geworden, was für die Beantwortung am relevantesten ist. Eine Gruppe gibt dazu den Tipp: „Es ist durchaus wichtig, sich Zeit für Gespräche zu nehmen und sich notfalls ein zweites Mal zusammenzusetzen, als zu kurz zu diskutieren."

> **Kasten 14 ▶ Beispiel Gruppe drei**
>
> Eine andere Gruppe löste sich erst einmal von der Aufgabenstellung und stellte sich allgemeine Fragen zur Theorie der Ethnomethodologie. Sie definieren dabei Kernbegriffe unter Zuhilfenahme kleinerer Recherchen bzw. eines Fremdwörterbuches und sind darauf bedacht, offene Fragen zu lösen: Die „Lösung sollte grob beschreibend sein, um einen ersten Einstieg ins Thema zu finden". Erst nach diesem Schritt widmet sich die Gruppe der Fragestellung und nutzt für deren Beantwortung die vorher bestimmten Definitionen:
> „Wie genau hängt unser Alltag mit Ethnomethodologie zusammen? [...] Unser Alltag ist der Ort, in dem sich der Untersuchungsgegenstand der Ethnomethodologie abspielt. Wir versuchen, uns in jeder Situation die Welt zu ordnen und erklärbar zu machen. Neue Situationen/Probleme sollen dadurch ‚typisch' werden."
> Daraus entstand sowohl ein Text, der theoretisch fundiert ist als auch einen sehr starken Fokus auf die selbst gewählte Situation sowie deren Beschreibung und Analyse hat:
> „Indexikalische Äußerungen: [...] Ein Sprecher denkt, dass sein Hintergrundwissen oder der vorherige Gesprächsverlauf mit dem der Gruppe identisch ist (durch soziale Nähe). Deshalb nutzt er Begriffe selbstverständlich. Als Index könnte man hier in einer Gruppe von Mathe-Studenten den Inhalt einer Vorlesung sehen. Wird der Sinnzusammenhang von jemandem nicht verstanden, gibt es zwei Möglichkeiten:
> 1. Hoffnung auf spätere Einsicht (Hinnahme)
> 2. Entindexikalisierung (gemeinsamen Sinn wiederherstellen)
>   a) Nachfrage
>   b) Erklärung (freiwillig)"
> Die Gruppe setzt die Kontextbedingung – die unterstellte Situation von vier Akteuren im Zug – so, dass sie keine gemeinsame ist, denn es werden zwei Parteien angenommen, die unterschiedliche Veranstaltungstypen und Fächer besucht haben und denen deshalb ein Gespräch über einen gemeinsamen Inhalt nicht leicht unterstellt werden kann. Trotz der gewählten Situation wendet die Arbeitsgruppe die Theoriebrille der Ethnomethodologie erfolgreich an, da das gesamte Denken der Auswertungsgruppe nun darum

> kreist, wie ein Gespräch würde verlaufen können – und dies ist ja eine der Hauptfragen der Ethnomethodologie.

5.5 Wie wird die Ethnomethodologie weiter verwendet?

Ähnlich wie für Goffman bemerkt (siehe Kapitel 3), gehen Ethnomethodologie und Konversationsanalyse als ein spezieller Stil des soziologischen Beobachtens in die Methoden der qualitativen Sozialforschung ein (vgl. Bergmann 2000). Nach der Ansicht von Vester (2010, 49f.) hat diese Art des Beobachtens auf teils originelle, teils provokative Weise die Realität der Soziologie aufgemischt, insofern sich genauer Mikrostrukturen von Konversationen und Interaktionen sehen lassen. Der methodisch spezielle Stil ist darauf ausgerichtet, Interaktionen als strukturell organisiert hervorzuheben (zum Diskussionsbogen zwischen qualitativer Sozialforschung und Ethnomethodologie vgl. Flick 2010, 86-89, 144f., 548-551).

Flick bemerkt (a.a.O., 88f.), dass die anfängliche Verengung der ethnomethodologischen Forschungspraxis auf Analysen von Gesprächen ab den 1980er Jahren zunehmend um Analysen von Arbeitsprozessen in Organisationen erweitert wurde. Hierbei wurden auch Arbeitsprozesse in der Wissenschaft, die als eine ‚interaktive Praxis' angesehen wird, Gegenstand der Beobachtung (z.B. wie führen Mathematiker Beweise durch). Hierbei sind teilnehmende Beobachtungen im Feld notwendig, um in der Interaktion direkt teilzuhaben, wie Mitglieder in Organisationen bestimmte Meinungen und Glaubenssätze ‚verkörpern' (vgl. a.a.O., 144). Wenn man sich vorstellt, dass es so gut wie keinen Bereich der Gesellschaft gibt, in dem sich *nicht* immer mehr Organisationen ausbreiten, dann deutet sich die Breite möglicher Forschungsfragen mit der Ethnomethodologie an. Die Ethnomethodologie differenziert sich in dieser breiter werdenden Anwendung auch deutlicher aus, in Gattungsanalyse und in Diskursanalyse (a.a.O., 548).

5.6 Literatur

Literaturempfehlungen

Abels, Heinz (2009): Ethnomethodologie. In: Kneer, Georg/Schroer, Markus (Hg.): Handbuch Soziologische Theorien. Wiesbaden, 87-110.

Bergmann, Jörg R. (2000): Harold Garfinkel und Harvey Sacks. In: Flick, Uwe/Ernst von Kardorff/Ines Steinke: Qualitative Forschung. Ein Handbuch. Reinbek bei Hamburg, 51-62.

Brüsemeister, Thomas (2008): Qualitative Methoden. Ein Überblick. Wiesbaden, VS, 185-198 (zur ethnomethodologischen Konversationsanalyse).
Flick, Uwe (2010): Qualitative Sozialforschung. Eine Einführung. Reinbek bei Hamburg, 86-89, 144f., 548-551.
Vester, Heinz-Günter (2010): Kompendium der Soziologie III: Neuere soziologische Theorien. Wiesbaden, 37-50.
Willems, Herbert (2000): Erving Goffmans Forschungsstil. In: Flick, Uwe/Ernst von Kardorff/Ines Steinke: Qualitative Forschung. Ein Handbuch. Reinbek bei Hamburg, 42-51.

Literaturverzeichnis

Adato, Albert (1976): Alltägliche Ereignisse – ungewöhnlich erfahren. Eine vergleichende Untersuchung von Erfahrungen des Abschiednehmens. In: Weingarten, Elmar/Fritz Sack/Jim Schenkein (Hg.): Ethnomethodologie. Beiträge zu einer Soziologie des Alltagshandelns. Frankfurt a.M., 179-202.
Bergmann, Jörg R. (1995): Konversationsanalyse. In: Flick, Uwe, u.a. (Hg.): Handbuch Qualitative Sozialforschung. Grundlagen, Konzepte, Methoden und Anwendungen. Weinheim, 213-218.
Bergmann, Jörg R. (1993): Alarmiertes Verstehen: Kommunikation in Feuerwehrnotrufen. In: Jung, Thomas/Müller-Doohm, Stefan (Hg.): „Wirklichkeit" im Deutungsprozess. Verstehen und Methoden in den Kultur- und Sozialwissenschaften. Frankfurt a.M., 283-328.
Bergmann, Jörg R. (1991): Deskriptive Praktiken als Gegenstand und Methode der Ethnomethodologie. In: Herzog, M./C. F. Graumann (Hg.): Sinn und Erfahrung: Phänomenologische Methoden in den Humanwissenschaften. Heidelberg, 87-101.
Bergmann, Jörg R. (1988): Ethnomethodologie und Konversationsanalyse. Studienbrief der FernUniversität Hagen. Hagen.
Bergmann, Jörg R. (1987): Klatsch: Zur Sozialform der diskreten Indiskretion. Berlin, New York.
Eberle, Thomas S. (1997): Ethnomethodologische Konversationsanalyse. In: Hitzler, Ronald/Anne Honer (Hg.): Sozialwissenschaftliche Hermeneutik. Opladen, 245-279.
Eickelpasch, Rolf (1994): Handlungssinn und Fremdverstehen. Grundkonzepte einer interpretativen Soziologie. In: Kneer, Georg/Klaus Kraemer/Armin Nassehi (Hg.): Soziologie, Zugänge zur Gesellschaft. Geschichte, Theorien und Methoden, Bd. 1. München, 119-144.
Eickelpasch, Rolf (1982): Das ethnomethodologische Programm einer „radikalen" Soziologie. In: Zeitschrift für Soziologie, Nr. 1, 7-27.
Garfinkel, Harold (1973): Das Alltagswissen über soziale und innerhalb sozialer Strukturen. In: Arbeitsgruppe Bielefelder Soziologen (Hg.): Alltagswissen, Interaktion und gesellschaftliche Wirklichkeit, Bd. 1. Reinbek bei Hamburg, 189-262.
Garfinkel, Harold (1967): Studies in Ethnomethodology. Englewood Cliffs.

Garfinkel, Harold/Harvey Sacks (1976): Über formale Strukturen praktischer Handlungen. In: Weingarten, Elmar/Fritz Sack/Jim Schenkein (Hg.): Ethnomethodologie. Beiträge zu einer Soziologie des Alltagshandelns. Frankfurt a.M., 130-176.

Goffman, Erving (1973): Asyle. Über die soziale Situation psychiatrischer Patienten und anderer Insassen. Frankfurt a.M.

Günthner, Susanne/Hubert A. Knoblauch (1997): Gattungsanalyse, in: Hitzler, Ronald/Anne Honer (Hg.): Sozialwissenschaftliche Hermeneutik. Opladen, 281-307.

Kelle, Udo (1994): Empirisch begründete Theoriebildung. Zur Logik und Methodologie interpretativer Sozialforschung. Weinheim.

Knoblauch, Hubert (1995): Kommunikationskultur. Die kommunikative Konstruktion kultureller Kontexte. Berlin, New York.

Patzelt, Werner J. (1987): Grundlagen der Ethnomethodologie. Theorie, Empirie und politikwissenschaftlicher Nutzen einer Soziologie des Alltags. München.

Weingarten, Elmar/Sack, Fritz (1976): Ethnomethodologie. Die methodische Konstruktion der Realität. In: Weingarten, Elmar/Fritz Sack/Jim Schenkein (Hg.) (1976): Ethnomethodologie. Beiträge zu einer Soziologie des Alltagshandelns. Frankfurt a.M., 7-26.

Schimank, Uwe (2010): Handeln und Strukturen. Einführung in die akteurtheoretische Soziologie. Weinheim, München.

Wahmhoff, Sibylle/Angelika Wenzel (1979): Ein hm ist noch lange kein hm - oder - Was heißt klientenbezogene Gesprächsführung? In: Jürgen Dittmann (Hg.): Arbeiten zur Konversationsanalyse. Tübingen, 258-297.

Watzlawick, Paul/Janet H. Beavin/Don D. Jackson (1996): Menschliche Kommunikation. Formen, Störungen, Paradoxien. Bern u.a.

Willis, Paul (1982): Spaß am Widerstand. Gegenkultur in der Arbeiterschule. Frankfurt a.M.

6 Schimank: Homo Oeconomicus

abstract

In der Soziologie sind zwei Handlungsmodelle besonders prominent geworden, der Homo Sociologicus und der Homo Oeconomicus. Der Homo Sociologicus (vgl. Kap. 2, Kasten 7) agiert gemäß normativer Vorgaben, deren Einhaltung Erwartungssicherheit verspricht. Er handelt gemäß einem Sollen, welches mit der Übernahme einer bestimmten sozialen Rolle (etwa der des Lehrers, des Mitglieds in einem Verein, des Vaters usw.) einhergeht.
Während sich der Homo Sociologicus vornehmlich an normativen Handlungsrichtlinien orientiert, ist der Akteur des Homo Oeconomicus ein ökonomischer Nutzenmaximierer: Rational kalkulierend überprüft er die ihm zur Verfügung stehenden Handlungsalternativen und wählt diejenige, die ihm bei kleinstmöglicher Investition das bestmögliche Erreichen seiner Wünsche verspricht. In diesem Modell resultiert der Handlungswille des Akteurs nicht aus einem normativen Sollen, sondern speist sich aus dessen eigenmotivierten Wollen.
Die Gesellschaft kommt erst Recht in diesem Modell vor: nämlich als Interdependenz. Wenn ich Ziele erreichen will, benötige ich Ressourcen, die aber teilweise andere Personen kontrollieren – ich muss mich irgendwie mit ihnen arrangieren, d.h. sie entweder umgehen oder sie für meine Ziele beeinflussen. Da es nahezu keine Situation gibt, in der man sich nicht irgendwie mit anderen Menschen auseinandersetzen muss, um seine eigenen Ziele zu verwirklichen, ist der Homo Oeconomicus letztlich in seinem Egoismus deutlich sozial strukturiert – das ist der Clou des Modells. In diesem Kapitel folgen wir der Darstellung von Uwe Schimank (2010, 83ff.), der den Homo Oeconomicus für die Soziologie interpretiert.

6.1 Handeln in Interdependenz

Das Modell des Homo Oeconomicus stammt aus den Wirtschaftswissenschaften und wird auch in der Soziologie verwendet, so z.B. bei Coleman (1990) und Esser (1999), unter dem Begriff „Rational Choice" (vgl. Schimank 2010, 83), was rationale, nutzenorientierte Wahlhandlungen eines Akteurs unterstellt und untersucht.

> **Kasten 1 ▶ Definition Homo Oeconomicus**
>
> Schimank notiert dazu: „Dieses Modell erfasst [...] Handlungswahlen, [...] die den Nutzen und die Aufwendigkeit bestimmter Handlungen betonen und bestimmen. Der Homo Oeconomicus orientiert sich in der Weise in Situationen, dass er – um den jeweils höchsten Nutzen mit geringstmöglichem Aufwand in der Situation zu erreichen – rational kalkulierend vorgeht, d.h. die in der Situation gegebenen Handlungsalternativen abwägt. Sein Handlungsantrieb ist also die Verfolgung eigenen Wollens, und sein Handlungsziel besteht im Erreichen seiner Wünsche unter der Maßgabe der Maximierung des jeweils implizierten Nutzens." (Ebd.)
>
> **Soziologisierter Homo Oeconomicus**
> In den Wirtschaftswissenschaften dient das Modell eines Nutzenmaximierers zur Erläuterung wirtschaftlicher Zusammenhänge. Die Soziologie untersucht demgegenüber einen *soziologisierten* Homo Oeconomicus (Schimank 2010, 87). Damit ist a) die Analyse sozialer Zusammenhänge gemeint, wie im weiteren Verlauf dieses Kapitels am Begriff der *sozialen Interdependenzen* deutlich werden wird. b) Außerdem beansprucht der soziologisierte Homo Oeconomicus nicht (wie der Homo Oeconomicus in Teilen der Wirtschaftswissenschaften), das alleinige Modell der Erklärung von Handlungswahlen zu sein, sondern er lässt andere Theorien neben sich zu (so Schimank 2010, 171-184, zu einer Zusammenschau verschiedener Akteurmodelle).
> Nachfolgend ist ausschließlich der soziologisierte Homo Oeconomicus gemeint, auch wenn nur – sprachlich einfacher – Homo Oeconomicus geschrieben wird.

Um den Homo Oeconomicus weiter zu verstehen, sind zwei Hintergründe anzusprechen. Es sind dies (1) die Bedeutung von Rationalität in der modernen Gesellschaft und (2) eine anthropologische Dimension des Modells.

(1) Rationalität als Maxime in der Moderne: Während der verschiedenen gesellschaftlichen Wandlungsprozesse, beispielsweise in Folge der Aufklärung oder der Industrialisierung, wurde die Bindung zwischen traditionalen und emotionalen Handlungsgründen und dem eigentlichen Handeln gelöst. Der

Akteur ist folglich nicht mehr primär an traditionelle oder emotionale Zwänge gebunden, welche sein Handeln bestimmen, sondern kann bzw. muss situativ entscheiden, wie er sein Wollen rational verwirklichen kann.

Das Modell des Homo Oeconomicus beschäftigt sich hierbei stark mit Zielen, die ein Akteur identifiziert, die er verfolgt und weshalb er sie verfolgt. Des Weiteren beschäftigt sich das Modell damit, welche Mittel einem Akteur für die Zielerreichung zur Verfügung stehen, und wie sie für die Zielerreichung eingesetzt werden können.

Die Ziele, welche die Individuen dabei verfolgen, sind von der jeweiligen gesellschaftlichen „Wertsphäre" (Weber 1972) abhängig.

Kasten 2 ▶   Differenzierungstheoretische Sicht von Wertsphären (Weber)

Die moderne Gesellschaft hat sich in verschiedene Wertsphären ausdifferenziert, so wird es differenzierungstheoretisch von Weber und anderen SoziologInnen beschrieben (vgl. Schimank/Volkmann 1999). Die moderne Gesellschaft kennt heute etwa ein Dutzend Wertsphären: dies sind Wirtschaft, Politik, Recht, Wissenschaft, Religion, Militär, Kunst, Massenmedien, Bildung, Gesundheitswesen, Sport, Familie und Intimbeziehungen (vgl. a.a.O., 32-35).

In jeder Wertsphäre herrscht eine besondere Sichtweise vor, d.h. bestimmte Ziele erscheinen als erstrebenswert: im Sport dreht sich alles um Siege, in der Religion um Glauben, in der Kunst um Ästhetik, im Gesundheitswesen um die Behandelbarkeit von Krankheiten usw. Den Akteuren sind die Ziele der Wertsphären nicht fest vorgegeben, aber sie bieten eine Orientierung. Und: jede spezielle Sichtweise innerhalb einer Wertsphäre erscheint „rational". Dies kann man sich vor Augen halten, wenn man einmal die Wertsphären gedankenexperimentell durcheinanderwürfelt, z.B. unterstellt, dem Militär gehe es um Ästhetik, der Kunst um die Behandelbarkeit von Krankheiten, der Religion um Gewinnmaximierung ... Ein derartiger Unsinn macht schnell deutlich, welche Rationalität den Wertspähren eigen ist, auch wenn man sie nicht gleich sieht.

Das rationale Streben der Akteure – z.B. in der Sphäre der Politik nach Macht, in der Wirtschaft nach Gewinn, in der Wissenschaft nach Wahrheit – lässt neben sozialen Phänomenen auch die Struktur von modernen, differenzierten Gesellschaften erklären. Dieser Prozess der Rationalisierung des Handelns und Denkens ist charakteristisch für die moderne Gesellschaft und charakteristisch für das euro-amerikanische Weltbild. Daher bezeichnet man es auch als okzidentalen Rationalismus. Mit diesem Weltbild hat sich bereits Max Weber, einer der Mitbegründer der Soziologie, befasst. „Weber legte dar, [...] dass die moderne Gesellschaft sich durch die Entfaltung eines ‚okzidentalen Rationalismus' in allen gesellschaftlichen Lebensbereichen auszeichnet. Nach Weber vollzieht sich die Zunahme der Rationalität des Handelns in vier Dimensionen: der Zweckrationalität, der theoretischen Rationalität, der formalen Rationalität und der Wertrationalität." (Schimank 2010, 83f.)

- *Zweckrational* ist ein Handeln, wenn es zum Erreichen eines Ziels führt, ohne dabei emotionale oder normative Vorgaben zu beachten. Zum Beispiel könnte ein Student, wenn er eine Hausarbeit von 10 Seiten abgeben muss, 9 Seiten aus einer anderen Arbeit einfach abschreiben. Das Ziel wäre also zweckrational erreicht. (Aber es verstößt gegen den Konsens, dass man sich nicht ohne Kennzeichnung fremden Gedankengutes bedienen darf.)
- Sich bereits im Vorfeld über die möglichen Folgen einer solchen Tat Gedanken zu machen, repräsentiert die *theoretische Rationalität*. Es ist die Suche nach übertragbaren oder verallgemeinerbaren Kausalzusammenhängen, welche auf eine zu erwartende Handlung schließen lassen: x, y und z haben bei einer ähnlichen Arbeit betrogen, sind entdeckt worden und haben erhebliche Sanktionen erfahren, also sollte ich besser nicht betrügen.
- Die *formale Rationalität* ist der Bezug auf vereinbarte Regeln, beispielsweise die Achtung des Urheberrechts, die Einhaltung von Zitierkonventionen oder die korrekte Verwendung von Regeln der Rechtschreibung. Diese Regeln der formalen Rationalität begrenzen die Handlungsmöglichkeiten eines Akteurs und ermöglichen sie gleichzeitig.
- Verfolgt der Akteur ein Ziel wie beispielsweise Rechtschaffenheit, so handelt er *wertrational*. Mögen Handlungen aus bestimmten Gesichtspunkten irrational erscheinen, da beispielsweise für die Erreichung eines Ziels scheinbar übermäßige Anstrengungen betrieben werden, so mag es doch sein, dass ein Akteur ein übergeordnetes Ziel verfolgt, welches einen Wert an sich darstellt. So könnte es sein, dass ein Kollege ein Stellenangebot nicht annimmt, was seine Mitkollegen und seine Umwelt völlig unverständlich finden, aber nur weil sie die inneren moralischen Motive nicht kennen, die der Akteur für sich behält, und die wertrational sind.

(2) Anthropologische Fundierung: Die menschliche Fähigkeit zur Rationalität ermöglicht uns auch das rationale Verfolgen unserer Ziele. Der Mensch ist im

Gegensatz zum Tier nicht instinktgebunden und ist daher gezwungen, stets neue Verhaltensweisen zu entwickeln (Schimank 2010, 86). Während dies im Modell des Homo Sociologicus als Mangel verstanden wird, stellt die Instinktlosigkeit im Modell des Homo Oeconomicus eine Chance dar: Der Mensch ist frei und kann daher eigenständig entscheiden, welche Verhaltensweise in einer bestimmten Situation an den Tag gelegt werden soll, um ein präferiertes Ziel zu erreichen.

Charakteristika des Modells
Im Folgenden werden weitere Charakteristika des Modells eines rational agierenden Menschens skizziert. Dazu werden Beispiele aus dem schulischen Kontext verwendet.

Kasten 3 ▶	Beispiel: Mia muss sich entscheiden: Vokabeln lernen oder ins Kino gehen?

Mia muss Vokabeln aus dem Schulbuch in ihr Heft übertragen. Wer dies nicht richtig macht, dem verpasst die Lehrerin eine Strafarbeit. Eigentlich wollte Mia aber diesen Abend mit ihren Freundinnen ins Kino gehen. Sie steht nun vor der Wahl, Vokabeln zu pauken oder mit ihren Freundinnen das Kino und später noch das Café zu besuchen. Optimal wäre natürlich, alles zu tun. Doch einen schönen Abend zu verbringen und am nächsten Tag einer Strafarbeit zu entgehen, ist nicht möglich.

Mit dem Modell des Homo Oeconomicus lässt sich für unser Beispiel davon ausgehen, dass Mia zunächst nur *nutzenorientierte* Handlungen ausführen, d.h. entweder Vokabeln abschreiben oder ins Kino gehen will. Sie könnte natürlich auch einen Spaziergang im Park machen oder an ihrem Modellbaukasten weiterarbeiten. Dies sind jedoch keine Ziele, die sie derzeit als erstrebenswert ansieht. Schimank bemerkt ähnlich dazu:

> Der Konsument könnte alles Mögliche mit seinem Geld kaufen. Aber er kauft das, was jeweils sein momentan präferiertes Ziel ist, und er kauft so viel davon, dass sein Nutzen maximiert wird. (A.a.O., 88)

Da ihre *Ressourcen begrenzt* sind (Zeit), kann sie jedoch nicht beide Ziele erreichen, was eine Wahl notwendig macht.

> Der Homo Oeconomicus lebt [...] in einer Welt der Knappheit. Sein Wollen übersteigt meistens sein Können. Er will mehr haben, als er kaufen kann. Aber auch andere zur Zielerreichung benötigte Ressourcen außer Geld können knapp sein. (A.a.O., 89)

Diese unbefriedigende Situation kann nicht aufgelöst werden. Die Entscheidung, Vokabeln abzuschreiben, schmälert Mias Möglichkeit, mit ihren Freundinnen einen schönen Abend zu verbringen. Gleichzeitig wird sie für das Nichtabschreiben der Vokabeln vermutlich eine Strafarbeit erledigen müssen.

> Daran zeigt sich auch, dass der Nutzen, den die Verfolgung eines bestimmten Ziels dem Akteur bringt, niemals ein absoluter, sondern stets ein relativer ist. Knappe Ressourcen und knappe Zeit laufen darauf hinaus, dass die Hinwendung zu einem Ziel eine entsprechende Vernachlässigung anderer Ziele bedeutet. (A.a.O., 91)

Dies bezeichnet man als *Opportunitätskosten*. Mia entgeht der Tag mit Freundinnen im Café, dafür muss sie jedoch keine Strafarbeit verfassen. Besteht wie in unserem Beispiel eine *Zielvielfalt*, so sind diese Ziele *relativ* zueinander. Es könnte für Mia extrem wichtig sein, sich mit ihren Freundinnen zu treffen, daher wird sie diese Option vorziehen. Ebenso können andere Gründe, beispielsweise eine infrage stehende Versetzung, die Vokabeln wichtiger als das Treffen erscheinen lassen. Indem Mia sich für ein Ziel entscheidet, vernachlässigt sie zwangsweise ein anderes. Je nachdem, wie *dringlich* ihr die Ziele erscheinen, wird sich Mia für eine der Optionen entscheiden.

> Je mehr verschiedene Ziele jemand zugleich verfolgt, desto weniger kann er diese bei gleicher Ressourcenausstattung und gleicher Intensität der Ziele realisieren. Die Knappheitserfahrung spitzt sich also mit der *Zielvielfalt* oft zu. (A.a.O., 90, Herv. i.O.)

Auch eine Mischvariante wäre denkbar. So könnte Mia zunächst Vokabeln abschreiben, um später ins Café nachzukommen. Sie würde jedoch nicht alle Vokabeln übertragen können und gleichzeitig könnte sie nicht über den Film mitreden, den ihre Freundinnen angeschaut haben, während sie einen Teil der Vobabeln paukte. In dieser Situation hätte sie keines der beiden Ziele vollständig erreicht.

Für welche Möglichkeit sie sich entscheidet, hängt von ihrer *subjektiven Kosten/Nutzen-Einschätzung* ab (a.a.O., 92). Subjektiv, da die Ziele einer jeden Person verschieden sind und es keine objektiven Kriterien für die Bewertung der Handlungswahl einer Person gibt.

Für Mias Entscheidung spielt weiter die *subjektive Wahrscheinlichkeitseinschätzung* eine Rolle (ebd.): Ist davon auszugehen, dass die Lehrkraft, die am nächsten Tag nach der Kontrolle der Vokabelhefte die Strafarbeit verteilen wird, krank ist (da sie es die ganze letzte Woche war und sowieso immer montags fehlt), so wird sich Mia eher fürs Kino entscheiden, da sie zunächst keine zusätzlichen Kosten durch eine Strafarbeit zu erwarten hat.

Dabei neigt sie zur *Zukunftsdiskontierung* (a.a.O., 93): Es stellt sich nicht sofort ein Nutzen aus dem Abschreiben der Vokabeln her – dieser wird erst während eines Vokabeltests, einer Klassenarbeit oder während eines Auslandsaufenthaltes sichtbar. Dabei spielt auch eine Rolle, dass unklar ist, ob Mia den möglichen Nutzen wirklich realisieren kann. Eventuell ist sie am Tag des Vokabeltests krank und kann deshalb keine gute Note schreiben oder aber sie wird niemals an einem Auslandsaufenthalt in dem entsprechenden Land teilnehmen.

Eine weitere Rolle spielt der *abnehmende Grenznutzen* (a.a.O., 90f.). Ist es ausreichend, mit den Freundinnen nur eine Stunde im Café zu verbringen? Oder gar auf den Film zu verzichten, da der Regisseur letztens schlechte Kritiken bekam? Sollte dies der Fall sein, so kann das Ziel, der Strafarbeit durch das Abschreiben von Vokabeln zu entrinnen, die Oberhand über den Cafébesuch gewinnen.

Vor den Entscheidungen des Homo Oeconomicus steht dabei eine äußerst komplexe Abwägung zwischen verschiedenen Zielen, deren Folgen und Nebenfolgen (Mias Müdigkeit, wenn sie den ganzen Tag vorher bis nachts im Café war), sowie den Mitteln, die für eine Erreichung der Ziele notwendig sind. Es müssen also *komplexe Ziel-Mittel-Ketten* bedacht werden (a.a.O., 94f.).

Interdependenzen zwischen Akteuren
Zentral für die Theorie des Homo Oeconomicus in einem soziologischen Kontext ist der Begriff der Interdependenz, denn schließlich agiert der Akteur nicht in einer menschenleeren Versuchsanordnung, sondern trifft mit anderen Individuen zusammen, von denen er abhängig ist (Interdependenz). Um in unserem Beispiel zu bleiben: Mia hat sich für den Kinobesuch entschieden. Da sie ihre Eltern noch davon überzeugen musste, dass es am Besten wäre, ins Kino zu gehen, hatte sie keine Zeit mehr, sich eine Eintrittskarte zu reservieren. Im Kino angekommen, reiht sie sich nun in die Schlange ein und konkurriert mit anderen Wartenden um Eintrittskarten. Während es ihr gelang, ihre Eltern so zu beeinflussen, dass diese ihr Ziel als wünschenswert erachten, vermag sie diese Überzeugungsleistung in der Warteschlange vor dem Kino nicht zu leisten. Sie konnte die Interdependenz zu ihren Eltern bearbeiten, nicht aber die Interdependenz mit den anderen Wartenden.

[Der] Unterschied von *wenigen bzw. sehr vielen Gegenübern* des Akteurs [...] ist vor allem deshalb bedeutsam, weil er jeweils andersartige Reaktionsmöglichkeiten auf die Interferenzen mit seinen eigenen Handlungszielen hat. Wenige Gegenüber kann man versuchen, gezielt anzusprechen und zu beeinflussen, einer Vielzahl von Gegenübern kann man sich als Einzelner nur anpassen. (A.a.O., 97, Herv.i.O.)

> **Kasten 4 ▶ Definition „Interdependenzen"**
>
> Immer dann, wenn eine Handlung eines Akteurs einen anderen Akteur tangiert, entstehen *soziale Interdependenzen*, da die Ziele der beiden interferieren (a.a.O., 96ff.). Diese Interferenz kann sowohl positiv als auch negativ sein, d.h. man verfolgt ein ähnliches Ziel – oder nicht.

Selbst wenn Akteure Ziele verfolgen, die sich diametral gegenüberstehen, so muss es sich dennoch nicht zwangsweise um eine negative Interferenz handeln: Es hindert die Akteure lediglich daran, ihr Ziel optimal zu erreichen, da sie z.B. mehr Ressourcen einsetzen müssen. Weiter gibt es Ziele, die man nicht *trotz*, sondern *aufgrund* der Interferenzen mit anderen erreicht. Die Interdependenz war positiv – man denke an das Beispiel von Käufer und Verkäufer. Die jeweiligen Rollen sind so beschaffen, dass der jeweils andere Akteur für die Ausübung der eigenen Rolle benötigt wird. Sind Einflussmöglichkeiten beider Akteure in etwa gleich, so spricht man von einer symmetrischen Abhängigkeit; sind sie es nicht, so liegt eine asymmetrische Abhängigkeit vor.

> **Kasten 5 ▶ Beispiel: Interdependenzen zwischen Staat und Schule**
>
> In manchen gesellschaftlichen Bereichen sind Interdependenzen zwischen Akteuren so vielfältig, dass sich auf den ersten Blick gar nicht ausmachen lässt, wie nun die Interdependenzen auf den Punkt zu bringen sind: sind sie positiv, negativ, symmetrisch, asymmetrisch? Ein Beispiel dazu ist das Verhältnis zwischen Staat und Schule, wie ein längeres Zitat verdeutlicht; das Zitat veranschaulicht dabei auch, dass mit dem Begriff Interdependenz auch Beziehungen zwischen großen gesellschaftlichen Gruppierungen untersucht werden können (aus: Kussau/Brüsemeister 2007, 166-168):
>
> Politik und Schule sind im Sinne einer „pooled interdependence" (allgemein Thompson 1967, 54) zwischen Akteuren auf verschiedenen Ebenen zusammengeschlossen, die spezifische Leistungen anbieten und austauschen. Politik und Schule sind dabei sowohl Leistungsanbieterin wie Leistungsabnehmerin von Vor- bzw. Komplementärleistungen. Auf der Input-Seite sind je spezifische, politisch zu organisierende Vorleistungen

erforderlich, ohne die eine öffentliche Schule nicht existenzfähig ist: finanzielle Ausstattung der Schulen, die Herstellung infrastruktureller Voraussetzungen, die Bereitstellung von Organisationsmitteln und Personal, die Organisation und Zertifizierung der Ausbildung; und schließlich stellt die Politik traditionell auch die Lehrmittel zur Verfügung und generalisiert einen verbindlichen Lehrplan resp. Bildungsstandards. Die garantierte Konstitution der Schule ist nach wie vor ein bisher nicht in Frage gestellter Teil eines Realmodells wohlfahrtsstaatlicher Ordnung [...]. In letzter Zeit werden von Seiten der LehrerInnen zunehmend immaterielle politische Vorleistungen eingefordert, nämlich die soziale Anerkennung ihrer Berufsausübung und Schutz vor der Verpflichtung, neue und zusätzliche Aufgaben übernehmen zu müssen [...]. Von der Schule werden im Gegenzug auf der Output-Seite Komplementärleistungen erwartet. Sie beinhalten die – bei effektivem und effizientem Umgang mit den zur Verfügung gestellten Ressourcen – Bereitstellung eines Ausbildungsniveaus der SchülerInnen, das den gesellschaftlichen Erfordernissen, vor allem denen des Beschäftigungssystems, genügt. Diese politischen und schulischen Leistungsbeiträge erscheinen aus der jeweiligen Beobachtungsperspektive als positive oder negative externe Effekte, die aufgrund der Interdependenz als ermöglichende/entgegenkommende Bedingungen oder Aufgaben- und Problembelastung im je anderen System anfallen. Wenn es nicht gelingt, ein (empirisch kaum je existentes bzw. als eingelöst wahrgenommenes) Leistungsgleichgewicht herzustellen, entsteht an dieser Stelle die Spannung zwischen Politik und Schule: Die Politik verschafft der Schule keine optimalen Vorleistungen, die Schule stellt der Gesellschaft komplementär nicht die optimalen qualifikatorischen Kompetenzen (und Abschlüsse?) zur Verfügung. Politisch erzeugte, negative externe Effekte engen die Schule in ihrem Leistungsvermögen ein. Stichworte der Diskussion sind z.B. unzureichende Ausstattung der Schule mit Geld und Zeit; Überregelung, d.h. das aus Sicht der LehrerInnen überindividuelle System Politik nimmt ihnen Handlungsmöglichkeiten, auf die sie im interaktiven Modus der unterrichtlichen Vermittlung zwingend angewiesen sind; im Zusammenhang mit den augenblicklich stattfindenden „Schulreformen" Be- und Überlastung der Lehrerschaft durch sachlichen und zeitlichen Reformdruck; eine schulisch wahrgenommene Aufgabenüberbürdung, gegen die die Politik die Schule zu wenig schützt (z.B. Belastung mit Erziehungsproblemen). Einer politischen Logik, die sich den LehrerInnen als Mischung aus finanzieller Knauserigkeit und „Großzügigkeit" im Regelungsbereich präsentiert, steht die Schule gegenüber, die in der Maximierung ihrer pädagogischen Rationalitätswerte als Beschäftigung mit sich selbst keine Stoppregeln

> kennt, auf pädagogische Perfektionierung aus ist, deshalb wirtschaftliche Überlegungen suspendiert, unersättlich ist in ihren Ressourcenforderungen und das Problem finanzieller Restriktionen nicht „versteht", weil sie zwar ressourcenabhängig ist, aber selbst nicht für Ressourcen sorgen muss. [...] Politik und Schule sind einander Bedingung und Restriktion, interdependent verhakt; sie kommen nicht voneinander los.

Weiterhin ist wichtig, dass eine Handlung nicht tatsächlich erfolgen muss, um mit den Zielen eines Akteurs zu interferieren. Es ist ebenso denkbar, dass eine Handlung antizipiert wird und so das Handeln eines Akteurs beeinflusst.

Interdependenzbewältigung
Es ist möglich, dass ein Akteur die Interdependenzen nicht einfach hinnimmt, sondern versucht, sie zu beeinflussen, zu gestalten zu managen oder allgemein: zu bewältigen.

Kasten 6 ▶ Definition Interdependenzbewältigung

Interdependenzbewältigung (oder auch Interdependenzmanagement) sind Versuche der Einflussnahme auf bestehende Interdependenzen.

Arten der Interdependenzbewältigung
Berücksichtigt man positive und negative Interdependenzen sowie die Möglichkeit, dass Interdependenzen tatsächlich eingetreten sind oder nur erwartet werden können, ergeben sich verschiedene „Typen von Interdependenzsituationen und daraus hervorgehenden Richtungen der Interdependenzbewältigung" (Schimank 2010, 99):

- „Das tatsächliche Handeln anderer stört einen Akteur bei seiner Zielverfolgung." (Ebd.) Für die Bewältigung dieser Art der Interdependenz gibt es zwei Möglichkeiten: Der betroffene Akteur kann entweder versuchen, die anderen in eine weniger störende Richtung zu lenken, oder er bewegt seine eigene Zielverfolgung aus dem Störradius der anderen heraus (ebd.).
- „Das erwartete Handeln der anderen würde den Akteur bei seiner Zielverfolgung stören." (Ebd.) Für die Interdependenzbewältigung kann der Akteur versuchen, die anderen bereits im Vorfeld, prospektiv, zu beeinflussen, am besten so, dass die Störung gar nicht erst eintritt.

- „Oder er verlegt wiederum seine Ziele aus dem antizipierten Störradius heraus (ebd.).
- „Das tatsächliche Handeln der anderen unterstützt die Zielverfolgung des Akteurs." (Ebd.) Die Interdependenzbewältigung kann so aussehen, a) dass der Betreffende dafür sorgt, dass die anderen ihre Unterstützung möglichst lange aufrecht erhalten (und sie nicht auf andere Gedanken kommen), oder b) er versucht sich unabhängig von dieser Unterstützung zu machen oder sich andere Ziele auszudenken. (Ebd.)
- Das erwartete Handeln der anderen könnte die Zielverfolgung des Akteurs unterstützen." (Ebd.) Die Interdependenzbewältigung sieht so aus, sich diese „Geneigtheit" (ebd.) der anderen möglichst zu erhalten „und gegen eventuelle Störgrößen abzuschirmen" (ebd.). Wenn ihm dies zu ungewiss ist, „muss er wiederum alternative Unterstützungspotenziale sondieren" (ebd.) oder sich überhaupt unabhängig von der Unterstützung durch dritte machen (ebd.).

Kasten 7 ▶	Resümee: Wie wird Sozialität im Homo Oeconomicus gedacht?

Schimank resümiert, dass in diesem Modell des Homo Oeconomicus die Sozialität kein normativ geordneter Erwartungszusammenhang wie beim Homo Sociologicus ist (vgl. a.a.O., 100). „Sondern Sozialität ergibt sich über Abhängigkeiten, in die Akteure bei ihrer Zielverfolgung geraten, und woraus sich ihnen die Aufgabe der Interdependenzbewältigung stellt." (Ebd.)

In der Theorie gut, aber praktisch unbefriedigend?
Verhaltensweisen eines Homo Oeconomicus lassen sich offensichtlich in der Theorie gut erklären. Im Gegensatz zum Modell gibt es jedoch in der Realität eine Vielzahl von Faktoren, die eine rationale Wahl erschweren, wenn nicht sogar unmöglich machen. Man denke daran, wie viele Faktoren bereits beachtet werden müssten, ginge es nur darum, in welchem Supermarkt wir welche Milch kaufen. Es kann bereits schwierig sein, alle vorhandenen Informationen zusammenzutragen, die man für eine rationale Wahl benötigt; noch schwieriger könnte es sein, zu prüfen, ob die Informationen Dritter der Wahrheit entsprechen; und noch weitaus schwieriger, notwendige Informationen zu beschaffen, die es vielleicht nur zum Teil gibt. Unabhängig davon, wie genau wir bei der Informationsbeschaffung in der Sachdimension (a.a.O., 106) vorgehen, spätestens in der Sozialdimension (ebd.) ist es kaum möglich, das Handeln an-

derer Akteure, die beeinflussende Variablen darstellen, genau vorherzusagen. Somit wäre es notwendig, permanent auf einem vergleichsweise hohen Niveau die eigenen Handlungen neu zu überdenken. Doch dafür fehlen oft schlichtweg die Mittel: Wir haben weder die Zeit noch die Möglichkeit, permanent Informationsdefizite auszugleichen, noch können wir andere Akteure immer zu einem Konsens bewegen. Somit ist es letztendlich eher die Ausnahme als die Regel, wenn wir eine perfekte, rationale Handlung vollziehen.

Dies ist jedoch nicht gleichbedeutend mit der Aussage, wir würden zufällig handeln! Jeder Mensch entwickelt bestimmte Strategien, die ihm dabei helfen, die permanente Informationsunterversorgung zu lösen. Eine solche Strategie kann beispielsweise das Aufschieben einer Entscheidung sein, bis die Umstände die Wahlmöglichkeiten sukessive eliminieren oder zusätzliche Informationen vorhanden sind. Auch sind Handlungen denkbar, die sich an vorherigen Situationen orientieren, oder die bewusst alle Informationen *nicht* einholen. Diese und andere Lösungs- und Entscheidungsstrategien werden mit dem Begriff *Inkrementalismus* bezeichnet (a.a.O., 109ff.). Sie sind ein verallgemeinerbares Muster, mit dessen Hilfe dem Argument begegnet werden kann, der Homo Oeconomicus sei realitätsfern.

> **Kasten 8 ▶   „Schutzgürtel" für eine Theorie**
>
> Versteht man die Annahme, dass sich der Homo Oeconomicus *rational* für eine Handlungsalternative entscheidet, als Kern der Theorie, so bilden verallgemeinerbare Muster wie z.B. der Inkrementalismus eine Art Schutzgürtel um den Kern. Sie führen Theorien weiter aus bzw. passen diese auf bestimmte Situationen an und schützen somit die Kernannahmen einer Theorie.
>
> Wie in Kap. 5 beschrieben (Kasten 13: „Intensitäten angeben als Forschungsaufgabe in den Sozialwissenschaften") liegen die meisten Begriffe in den Sozialwissenschaften – wenn man ein Phänomen beschreiben und erklären möchte – *nicht* entweder zu 100% vor oder aber überhaupt nicht vor (0%), sondern die Intensitäten eines Phänomens bewegen sich dazwischen. So ist es auch mit der Annahme der Rationalität beim Homo Oeconomicus.
>
> Mit den Lösungs- und Entscheidungsstrategien des Inkrementalismus lässt sich davon ausgehen, dass ein Akteur auch dann rational handelt, wenn die Rationalität einer Wahl weniger als 100% beträgt. Der Inkrementalismus rettet also sozusagen die Hauptannahme des Homo Oeconomicus, nämlich dass Akteure rational handeln. Dies wird jetzt so verstanden, dass dies auch auf Handlungsweisen von unter 100% Rationalität zutrifft (die

> Werte sind hier natürlich nur symbolisch gemeint und sollen Intensitäten verdeutlichen).
> Wir finden dann neue Phänomene: nämlich Handlungsweisen mittlerer Rationalität. Wird der begriffliche Fokus einmal so eingestellt, ergeben sich eine Reihe von Beobachtungen für ein derartiges Handeln.

Ein weiteres Argument gegen das Modell Homo Oeconomicus scheinen habitualisierte oder routinemäßige Handlungen zu sein. Handlungen unreflektiert, nach einem Schema immer gleich zu wiederholen, könnte eine Verschwendung von Ressourcen sein, da der Akteur möglicherweise sein Ziel auf andere Weise einfacher erreichen kann. Routinen oder habitualisiertes Verhalten scheinen zunächst wenig rational. Auf den zweiten Blick sind sie jedoch eine enorme Erleichterung: Es ist nicht zwingend notwendig, permanent Handlungsoptionen zu vergleichen und zwischen Alternativen auszuwählen, um sein Ziel zu erreichen. Der Akteur fährt mit dieser Strategie so lange ziemlich gut, bis die Kosten möglicherweise den subjektiven Nutzen einholen und den Akteur somit zum Überdenken seiner Handlungen führt. Vor allem wenn die Kosten für den Akteur niedrig sind, wird er tendenziell weniger dazu neigen, eine Handlung auf ihre Rationalität hin zu prüfen; er versucht nur dann rational zu handeln, wenn hohe Kosten auf ihn zukommen. Dies ist ein weiterer Einwand gegen den Homo Oeconomicus.

Die Fähigkeit, nicht vor jeder Entscheidung eine eingehende Prüfung aller Informationen und Alternativen durchzuführen, ist jedoch auch eine Rationalisierung des Alltags. Es scheint vernünftig, abzuwägen, wie viel Aufwand für eine Entscheidung notwendig ist.

Indem wir dazu neigen, die Komplexität unseres Alltags zu verringern, um die Welt beherrschbar zu machen, sitzen Akteure nach Schimank oft genug *Rationalitätsfiktionen* auf (a.a.O., 117f.).

Kasten 9 ▶	Rationalitätsfiktionen

„Rationalitätsfiktion heißt: Vieles Handeln, das als rational deklariert wird, tut nur so. Wir treten gegenüber anderen so auf, als ob wir eine rationale Handlungswahl vornehmen, und wir glauben uns das nicht selten sogar selbst. (...) Aber sogar wenn alle Beteiligten darüber wissen, dass es mit der rationalen Wahl nicht weit her ist, wird die gemeinsame Rationalitätsdarstellung wechselseitig taktvoll aufrechterhalten". (Schimank 2010, 117f.)

- So arbeitet die Finanzbuchhaltung oft mit veralteten Kennzahlen, die mit der Realität nichts zu tun haben, die aber aus Bequemlichkeit beibehalten werden – und mit denen die Verwaltung die Mitarbeiter vor sich her treibt.
- So verhält es sich auch mit dem sog. „Curricularnormwert" an Universitäten, mit denen die Ministerien die Gelder für jeden Studenten an die einzelnen Universitäten zuweisen. Diese Werte stammen aus den 1970er Jahren und sind völlig veraltet, werden aber nicht geändert.
- Des Weiteren hält sich in Organisationen die Mär, Mitarbeiter müssten motiviert werden. Die Managementliteratur ist voll davon. Andere behaupten, Mitarbeiter seien bereits motiviert – vorausgesetzt man baut die Strukturen so, dass dies auch zum Ausdruck kommen kann.

Veraltete Kennzahlen und „Curricularnormwerte", der Ausspruch „Mitarbeiter müssen motiviert werden": all dies sind Fiktionen von Rationalität, die man auch anders sehen könnte – aber offensichtlich hält man in der Praxis lieber daran fest.

Warum das so ist, hat auch mit dem okzidentalen Rationalismus zu tun, welcher eingangs erwähnt wurde. In seinem Kontext sehen sich Akteure gezwungen, Entscheidungen zu rechtfertigen – sowohl vor anderen als auch vor sich selbst. Nur allzu gerne nehmen wir dabei „Entscheidungen von der Stange" (a.a.O., 120), die andere getroffen haben – denn diese werden sich schließlich umfassend damit auseinandergesetzt haben oder sind gar Experten auf diesem Gebiet. Dies gilt im Übrigen nicht nur für die Ebene des Individuums, sondern auch für Organisationen: Staat A nimmt zum Beispiel das Bildungssystem von Staat B als Vorbild, um eine Reform im eigenen Land anzustoßen.

Orientierung an Wertsphären

Um den Homo Oeconomicus zu charakterisieren, wird auf den Begriff des *Nutzenmaximierers* zurückgegriffen. Doch wie kann ein Individuum den Nutzen situationsangepasst bestimmen? Wie oben dargelegt, kann diese Problematik mit Hilfe der Begriffe „Wertsphäre" (Weber 1972) und „Teilsystem" (Luhmann 1986) konkretisiert werden. Was man in einer bestimmten Situation erreichen will, richtet sich an der Rationalität jeweiliger Wertmaßstäbe aus (Schimank 2010, 86). Die Gesellschaft denkt Weber in solche Wertsphären zerteilt (Luhmann tut das gleiche mit Systemen), so z.B. dass im Sport das Streben um Siege (und das Vermeiden von Niederlagen) verabsolutiert wird, in der Kunst nach Schönheit, in der Jurisprudenz nach Recht gestrebt wird usw. (vgl. ebd.). Dies bedeutet für den Nutzenmaximierer, dass er es nie mit der Gesamtheit aller Informationen in allen Wertsphären der Gesellschaft gleichzeitig zu tun hat. Vielmehr kann er sich – zumindest theoretisch gesehen – jeder Wertsphäre einzeln zuwenden. Dort findet er dann bestimmte Größen vor, die als erstrebenswert gelten und die er in seine Nutzenüberlegungen aufnehmen kann oder auch nicht. Man könnte also auch die Tatsache, dass Akteure bereits vorhandene Wertsphären nutzen, als Belege für ein Handeln mittlerer Rationalität sehen, da sich der Einzelne ja diese Wertsphären nicht selbst erfindet, sondern sie bereits da sind und genutzt werden können.

> **Kasten 10 ▶ Beispiel: Nutzenorientierung an Wertsphären**
>
> Ein *politisch aktiver* Bildhauer zum Beispiel wird nach *Macht* streben, während er sich in der *Sphäre der Politik* bewegt. Begreift sich der Akteur jedoch als *Bildhauer*, ist ihm die errungene Macht wenig nützlich, da es ihm darum geht, *ästhetisch schöne Kunstwerke* herzustellen. Welche Interessen ein Akteur besitzt und welchen Nutzen er deren Verfolgung zuspricht, ist also von dem Umfeld des Akteurs abhängig (oder von der Wertsphäre im Sinne Webers oder vom Teilsystem in den Worten Luhmanns).

Weiterhin übt die soziale Lage des Akteurs Einfluss auf dessen Ziele und Vorstellungen und Handlungsmöglichkeiten aus. So verfolgt Mia aufgrund ihrer Lebenslage andere Ziele als ihre Mutter. Obwohl beide im gleichen Haushalt leben, unterscheiden sich die beiden Akteure vermutlich stark hinsichtlich ihrer Lebenslage (Konsumverhalten, Alter, Präferenzen usw.), weshalb sie unterschiedliche Ziele verfolgen.

Was nützlich sein kann und was nicht, wird ferner während des Zusammentreffens von Akteuren bestimmt: Der Homo Oeconomicus unterstellt anderen Akteuren innerhalb der gleichen Sphäre ähnliche Interessen (alle anderen Politiker streben nach Macht, alle Künstler wollen Ästhetisches schaffen). Der Homo Oeconomicus bestimmt so den subjektiven Nutzen einer Handlung auch in Relation zu den Nutzenüberlegungen anderer Akteure. Diese Nutzenüberlegungen können ihm nicht gleichgültig sein, will er die bestehenden Interdependenzen bewältigen, die er zusammen mit den anderen Akteuren hat.

6.2 Fazit zum Homo Oeconomicus

Das Modell des Homo Oeconomicus arbeitet zunächst mit einer „einfachen" Grundüberlegung: Man unterstellt Akteuren, sie würden in einer Situation diejenige Handlungsalternative wählen, die ihren subjektiven Nutzen maximiert. Hierbei zeigt sich im Weiteren, dass die einzelnen Elemente einer rationalen

Handlung – das Aussuchen der verschiedenen Ziele, ihre Gewichtung, das Aussuchen der Mittel für die Zielerreichung, die Einschätzung des Erfolgs – komplexe Überlegungen von einem Akteur erfordern.

Der soziologisierte Homo Oeconomicus sieht dabei auch die Verbreitung von Rationalität in der modernen Gesellschaft – auch in der Variante von Rationalitätsfiktionen. Besonders in Form der Interdependenzen fließt die Gesellschaft in das Modell ein. Der Akteur ist zahlreichen negativen Abhängigkeiten ausgesetzt. Aber er kann auch positive Interdependenzen einsetzen, um an seine Ziele zu gelangen. Das Model berücksichtigt auch, dass in vielen Situationen eine Handlungsalternative faktisch nur auf einem Niveau mittlerer Rationalität ausgesucht wird bzw. ausgesucht werden kann.

6.3 Beobachtungen der StudentInnen zum Homo Oeconomicus

Zum Homo Oeconomicus wurde in einem Seminar folgende Aufgabe gestellt: „Ziehen Sie eine bereits von Ihrer Arbeitsgruppe untersuchte Szene heran oder konstruieren Sie eine ganz neue Szene zwischen Studierenden einer Universität. Untersuchen Sie dann diese Szene mit der Theoriebrille des ‚Homo Oeconomicus'. Stellen Sie hierbei auf den Hauptbegriff dieses Theoriemodells ab: die Interdependenzen zwischen Akteuren." Textgrundlage war der hier besprochene Text von Schimank (2010):

Kasten 11 ▶ Zwei Beispiele studentischer Gruppen

Gruppe Eins – Ein Zielkonflikt
Um die Aufgabe zum „Homo Oeconomicus" zu bearbeiten, haben wir folgendes Fallbeispiel ausgewählt: Student A verliebt sich in Studentin B.
Zu Beginn möchten wir erläutern, was die Grundidee des Homo Oeconomicus ist.
Der Homo Oeconomicus ist ein Mensch, der ausschließlich nach rationalen Gesichtspunkten denkt und handelt, er strebt nach größtmöglichem Nutzen und sein Handlungsziel besteht im Erreichen seiner Wünsche.
Auf das Beispiel bezogen ist das präferierte Ziel von Student A die Beziehung zu einer Studentin, die seinen Vorstellungen entspricht. Er trifft seine Entscheidungen nutzenorientiert (Schimank 2010, 84). Der Student möchte eine langfristige Beziehung eingehen, um sein Leben mit einem Lebenspartner zu teilen, um nicht allein zu sein.

Wie beim Modell des Homo Oeconomicus typisch, hat Student A in unserer beschriebenen Situation nur begrenzte Ressourcen zur Zielerreichung verfügbar (a.a.O., 89). Eine ernsthafte Beziehung aufzubauen ist ein langwieriger Prozess, der viel Zeit in Anspruch nimmt und eventuell andere Dinge in den Hintergrund rückt. Dies zielt auch schon auf den nächsten Punkt ab – die Zielvielfalt. Student A hat das Ziel, eine Beziehung zu Studentin B aufzubauen, weiterhin hat er aber ebenfalls das Ziel, ein erfolgreicher Student zu sein. Die Ressourcenausstattung der beiden genannten Ziele ist die Gleiche – die Zeit. Welche Alternative er wählt, hängt von der relativen Dringlichkeit der beiden Ziele ab (a.a.O., 89f.)

Ein Charakteristikum des Homo Oeconomicus erfüllt unser gewähltes Beispiel nicht. Für das Ziel einer ernsthaften Beziehung gilt (in den meisten Fällen) kein abnehmender Grenznutzen, denn auch nach Erfüllung des Handlungsziels besteht es weiter. Wie oben schon erwähnt, führt die Verfolgung eines Ziels auch zur Vernachlässigung anderer. Student A's primäres Ziel ist der Aufbau einer Beziehung, seine anderen Ziele, wie z.B. ‚viel mit männlichen Freunden unternehmen' rücken in den Hintergrund.

Bisher haben wir die Situation betrachtet, ohne andere Akteure mit einzubeziehen. Untersuchen wir sie nun in Hinblick auf die Interdependenzen zwischen Akteuren. Angenommen, es gibt noch andere „Anwärter" auf Studentin B, interferieren deren Zielverfolgungen mit denen von Student A. Es handelt sich aus der Sicht von A um eine negative Interdependenz. Die anderen Akteure treten als potenzielle oder tatsächliche Hinderung der Realisierung der eigenen Ziele entgegen (a.a.O., 96ff.). Es wäre für A am besten, wenn es die Anderen in der Situation gar nicht gäbe. Bei tatsächlichen Interdependenzen richtet Student A sein Verhalten darauf aus, das störende Verhalten der Anderen auszuschalten. Das geschieht beispielsweise durch Kommunikation.

Gruppe Zwei – Kampf um Seminarplatz
Der Verlaufsplan des Lehramtstudiengangs schreibt für Peter und seine Kommilitonen im 3. Semester den Besuch eines Soziologieseminars vor. Um Peters Ziel eines für ihn optimalen Stundenplans zu verwirklichen, muss es ihm gelingen, sich für ein ganz bestimmtes Seminar in das elektronische Prüfungsverwaltungssystem einzutragen. Erschwerend kommt hinzu, dass die gewünschte Veranstaltung in einem stark frequentierten Zeitfenster liegt und es mehr Studenten gibt als freie Plätze.

Durch die Theoriebrille des Homo Oeconomicus wird P. als nutzenorientierter Akteur gesehen, dessen Handlungsantrieb die Verfolgung des eigenen Wollens darstellt und sein Handlungsziel das Belegen des von ihm geforderten Seminars ist (vgl. Schimank 2010, 83). Des Weiteren wird er mit Ressourcenknappheiten (Seminarplätze-Bewerberzahl) konfrontiert, die ihn bezüglich seiner weiteren Vorgehensweise zu Wahlentscheidungen zwingen. Deshalb ist in diesem Augenblick das soziale Handeln des gewählten Akteurs „wesentlich durch seine Abhängigkeiten von anderen Akteuren gekennzeichnet" (a.a.O., 96f.). Damit diese Interdependenzen erfolgreich bewältigt werden können, muss P. strategisch kalkulierend planen. Er muss seine Kommilitonen beobachten, inwiefern sich deren Verhalten auf die Verfolgung seines eigenen Handlungsziels auswirken könnte und wird dann aufgrund einer subjektiven Kosten/Nutzen-Einschätzung sein weiteres Handeln planen. P. kann das wechselseitige Störpotenzial in dieser Situation nicht direkt beeinflussen, weil ihm zu viele Akteure gegenüberstehen, die ein annähernd gleiches Ziel verfolgen (vgl. a.a.O., 97). Daraus ergibt sich eine symmetrische Abhängigkeit. Diese Interdependenz stellt sich für ihn darüber hinaus als negativ dar, weil ihre „Beseitigung […] besser ist als jede mögliche Ausgestaltung. [Sie] sollen zumindest alles unterlassen, was [ihn] stören könnte, sozusagen so agieren, als ob es sie gar nicht gäbe" (a.a.O., 98). Weil eine Beseitigung in der konstruierten Szene unmöglich ist, dient ihm sein okzidentaler Rationalismus dazu, Wege zu finden, die die Chancen, einen Platz im Seminar zu bekommen, erhöhen. Unser Protagonist kann sich ein mobiles Kartenlesegerät kaufen. Es ermöglicht ihm, sich frühzeitig in das Prüfungsverwaltungssystem einzuloggen. Kann kein Gerät erworben werden, muss P. versuchen, der Erste an einem Rechner in der Uni zu sein. Alternativ kann er bei Planungsbeginn auf seine Erfahrungen früherer Semester zurückgreifen, indem er, ausgehend vom kognitiv erwarteten Handeln der Mitbewerber, seinen Kurs in ein weniger frequentiertes Zeitfenster legt, was die Teilnahmewahrscheinlichkeit erhöht.

6.4 Kommentare zu den Beobachtungen der StudentInnen

Die beiden Gruppen lösen die Arbeitsaufgabe, den zentralen Begriff der Interdependenz darzustellen, gut, in dem Sinne, dass sie jeweils eine Situation konstruieren, in denen die Akteure nicht allein handeln können – es sind maßgebliche andere (wie die Studentin, die eine Liebe erwidern müsste) oder gar viele andere (wie die um Seminarplätze konkurrierenden anderen StudentInnen), mit denen der Akteur zwangsläufig rechnen muss, will er seine Ziele umsetzen. Es gilt hier erneut, dass die Gruppen, bevor sie ihre Ergebnisse niederschreiben, die Kerngehalte der Begriffe wissen müssen, damit sie dann daran entlang ein Beispiel konstruieren. Das scheint den Gruppen gut gelungen. Insgesamt wird mit den Beispielen zum Begriff Inderdependenz gut deutlich, wie sich im Modell des Homo Oeconomicus die Sozialität aus Abhängigkeiten ergibt, in die Akteure bei ihrer Zielverfolgung geraten. Deutlich wird auch, wie sie dem mit Strategien der Interdependenzbewältigung begegnen.

6.5 Wie wird der Homo Oeconomicus weiter verwendet?

a) Zur allgemeinen Verbreitung
Das Modell des Homo Oeconomicus entstammt ursprünglich den Wirtschaftswissenschaften und wird in ihnen bis heute verwendet. Es wird von mikroökonomischen Theorien genutzt, die das Verhalten individueller Akteure betrachten; und es wird auch für die Erklärung makroökonomischer Phänomene herangezogen, wie beispielsweise bei der Untersuchung von staatlichen Wirtschaftsinstrumenten. Dabei werden über die Betrachtung der Mikroebene, also eines Individuums oder einer repräsentativen Einheit, Aussagen für die Makroebene abgeleitet. An Grenzen stößt dieses Vorgehen, wenn es innerhalb einer Gruppe mehrere divergierende Ziele gibt.

In der Soziologie erlangte das Modell vor allem durch Max Weber Bekanntheit (vgl. zahlreiche Hinweise bei Schimank 2010, Kap. 4). Neben der Soziologie spielen Annahmen der rationalen Wahl auch in der Politikwissenschaft eine Rolle; teilweise werden mathematische Modelle und Spieltheorie kombiniert. Grundannahmen wie rationale Wahlhandlungen und stabile Präferenzen bilden das Gerüst, um unter anderem politische Partizipation, Wahlverhalten und Wahlkampf zu erklären. Heute werden diese Ansätze vor allem unter dem Begriff *Rational-Choice* subsummiert (vgl. Esser 1999).

b) Spezielle Anwendung: „Prinzipal-Agent-Modell"
Neben der recht breiten Anwendung des Modells in den Sozialwissenschaften findet der Homo Oeconomicus auch in speziellen Modelltheorien Verwendung, hier als Modell Prinzipal-Agent. Insbesondere wird das Modell in der Schulforschung für die Beschreibung und Erklärung der Verhältnisse zwischen Staat und Schule verwendet.[1] Staat und Schule sind über ein Auftragsverhältnis miteinander verbunden. Der Staat (Prinzipal) definiert einen Bildungsauftrag, den Lehrkräfte (Agents) erfüllen müssen. In dieser Beziehung tauschen Lehrkräfte

---
1 Das Folgende beruht auf Kussau/Brüsemeister 2007, 35ff. Zum Prinzipal-Agent-Modell vgl. Coleman 1990, 146-157

ihre besoldete staatliche Anstellung gegen „pädagogische" Leistungen, die sich auf den Unterricht zentrieren. Da der Akteur Lehrkräfte jedoch in dem Modell nicht austauschbar, d.h. unersetzbar ist, verkehrt sich die *Unterordnung* unter die Autorität des Staates in eine funktionale *Gleichrangigkeit*. Die Erklärung mit Hilfe des Modells stellt insbesondere auf massive Kontrollprobleme ab, die der Auftraggeber (Prinzipal) gegenüber den Agents (Lehrkräften) hat. Sie beruhen darauf, dass der Auftraggeber (a) nicht selbst Schule geben kann; dass er (b) eine Vielzahl von Lehrkräften bei ihrer Leistungsausübung beobachten muss und damit ein quantitatives Problem der Überwachung hat; und dass er (c) bei der Beurteilung von Leistungen der Lehrkräfte qualitativ an Grenzen stößt. Ferner verfügt der Auftraggeber (d) über andere Informationen als die Auftragnehmer. Über die Bedingungen, wie die Schulleistungen erzeugt werden, ist der Auftraggeber notorisch unterversorgt. Auftragnehmer besitzen deshalb in der Konsequenz des Modells die Ressourcen, sich zu verselbständigen („shirking"). Der traditionale Anordnungs-Befolgungs-Modus läuft leer und die Politik muss einen Korridor zulässigen bzw. tolerierbaren Handelns zubilligen. Derzeit soll diese Zone durch externe Evaluation reduziert werden.

Eine „Zusammenarbeit" zwischen Akteuren, hier: Staat und Schule, findet zwar statt, ist rechtlich normiert und kann im Fall von Verweigerung auch negativ sanktioniert werden. Jedoch können beide Seiten darauf abstellen, die Kosten für die Herstellung von Kooperation zu minimieren bzw. sich Vorteile zu verschaffen, d.h. die Schule jeweils als vornehmlich eigene Angelegenheit darzustellen. So wird bildlich gesehen der jeweils andere Akteur auf den Kosten „sitzen gelassen", für Koordination zu sorgen.

Im Modell von Prinzipal-Agent erscheint eine Koordination aufwendig und anstrengend: „Vorteile des Austauschs führen die Menschen zusammen, und Anreize, sich die Tauschvorteile einseitig anzueignen, treiben sie tendenziell auseinander" (Kliemt 1986, 16f., zit. nach Esser 1999, 356). Akteur A verfolgt zwar den Wunsch nach Kooperation, den er aber auf ein nutzbringendes Maß reduziert, sofern er nicht in Abhängigkeit von B geraten will. Diese „bedingte" Kooperationsbereitschaft scheint auch in der Beziehung zwischen Staat und Schule vorzuliegen.

c) Spezielle Anwendung: Der Flipperspieler
In seinem Buch „Das zwiespältige Individuum" geht Uwe Schimank (2002) auf die Möglichkeit der Individualisierung in der Moderne ein, die gleichzeitig durch äußere gesellschaftliche Einflüsse bestimmt wird. Schimank zieht Vergleiche zwischen dem Leben und einem Flipperspiel, um das Problem der Wahlfreiheit von Entscheidungen in Relation zu äußeren Einflüsse zu thematisiert.

Der Flipperspieler ist ein Beispiel für eine Rationalität des Handelns auf mittlerem Niveau. Denn er macht die Erfahrung, dass das Spiel stärker durch den Flipper als durch eigenes Einwirken bestimmt wird. Zuweilen kann es vorkommen, dass eine Zeit lang nichts passiert und der Spieler nur zuschauen kann, um dann im entscheidenden Moment, wenn die Kugel ins Aus zu rollen droht, eingreifen zu müssen. Die Kugel ist nicht nur Chance, sondern auch Risiko oder Verlust (Schimank 2002, 255). Wenn der Spieler zu sehr am Flipper ruckelt, kann das Gerät sogar blockieren („tilt"). Es gibt also nur einen recht schmalen Korridor für Erfolg versprechendes Handeln. In modernen Gesellschaften machen Personen die Erfahrung: „Ich gestalte die Welt um mich herum weit weniger, als diese mich prägt" (a.a.O., 255). Jedoch zeigen sich immer wieder Möglichkeiten der biografischen Selbststeuerung, die jedoch dann die Erkenntnis liefern, dass vieles ohne die Einflussnahme der Person geschieht (a.a.O., 255f.). Zum Beispiel weiß ein Schüler vor einer Klassenarbeit nicht, welche Fragen der Lehrer stellt und wie die Bewertung im Einzelnen erfolgt. Der Schüler kann nur über sein Lernen Einfluss nehmen. So hält er die Kugel, sprich sich selbst, „im Spiel" und entgeht dem Risiko, in der Klassenarbeit eine Fünf zu schreiben.

Falls ein Eingreifen durch den Flipperspieler doch gelingt, geschieht dies meist nur mit einer geringeren Wirkungskraft. Zwar wird eine Steuerungshandlung ausgeführt, aber es kann nicht genau beobachtet werden, was sie auslöst. Der Flipperspieler weiß zwar, an welcher Stelle sich die Vorrichtungen des Flippers befinden oder wie er das Spiel durchzuführen hat, um die Kugel zu beeinflussen. Jedoch bleibt offen, welche Richtung die Kugel letztlich einschlägt, da es sich um komplexe Zusammenhänge handelt. Dass das Eingreifen in bestimmte Situationen zu unbeabsichtigten Wirkungsverfehlungen, Neben- oder Fernwirkungen führen kann (a.a.O., 256f.), macht deutlich, dass das Flipperspielen wie auch die biografische Selbststeuerung von komplexen Zusammenhängen sowie einer gewissen Undurchschaubarkeit geprägt sind.

Auch wenn der Flipperspieler nur marginal auf die Kugel einwirken kann, bedeutet dies nicht, dass es nicht auf sein Handeln ankommt. Selbst der schlechteste Flipperspieler schneidet im Durchschnitt besser ab als ein Spieler, der gar nichts tut. Die Erfahrung, durch eigenes Handeln positive Effekte auszulösen, überwiegt. Gewiss macht auch ein guter Spieler die Erfahrung, dass sich das Eingreifen zum Nachteil auswirken kann. Etwas zu versuchen ist in der Regel jedoch immer noch besser, als sich in sein Schicksal zu fügen. Selbst Fehler liefern meist ein besseres Ergebnis als völliges Nichtstun.

Die Bescheidenheit führt hierbei zum Erfolg (a.a.O., 257f.). Nur wer seine Vorstellungen zurückschraubt, wird ihnen gerecht werden können. Der Aufwand dessen, was man leisten muss, ist meist viel höher als der erwartete Erfolg. Es muss mehrmals angesetzt werden, um ein bestimmtes Ziel zu erreichen, aber durch Ausprobieren findet sich ein Weg (a.a.O., 258). Beim Flipperspiel ist der Spieler häufig nur damit beschäftigt, die Kugel im Spiel zu halten, damit sie das Spielfeld nicht verlässt. Der Flipperspieler ist also jederzeit darum bemüht, die Kugel im Spiel zu halten, selbst wenn er kurzfristig keine Möglichkeit hat, Punkte zu erzielen. Bei der biografischen Selbststeuerung ist es nach Schimank ähnlich. Akteure wollen Identitätsbrüche vermeiden, um ein möglichst gutes Leben zu führen. Die Strategien dazu gleichen jedoch oft einem Sich-Durchwursteln (a.a.O., 259). Diese rationale Strategie beinhaltet Warten auf eine gute Gelegenheit oder eine glückliche Wendung. Auf jeden Fall muss die Kugel im Spiel gehalten werden.

6.6 Literatur

Literaturempfehlungen

Schimank, Uwe (2010): Handeln und Strukturen. Einführung in die akteurtheoretische Soziologie. Weinheim, München, Kapitel 4.

Kussau, Jürgen/Brüsemeister, Thomas (2007): Educational Governance: Zur Analyse der Handlungskoordination im Mehrebenensystem der Schule. In: Herbert Altrichter, Thomas Brüsemeister, Jochen Wissinger (Hg.): Educational Governance – Handlungskoordination und Steuerung im Bildungssystem. Wiesbaden, 15-54.

Literaturverzeichnis

Coleman, James S. (1990): Foundations of Social Theory. Cambridge, London.
Esser, Hartmut (1999): Soziologie. Allgemeine Grundlagen. Frankfurt a.M., New York.
Schimank, Uwe/Volkmann, Ute (1999): Gesellschaftliche Differenzierung. Bielefeld.
Thompson, James D. (1967): Organisations in Action. Social Science Bases of Administrative Theory. New York, u.a.
Weber, Max (1972): Wirtschaft und Gesellschaft. Grundriß der verstehenden Soziologie. Tübingen.

7 Bourdieu: Habituelles Handeln

abstract

Der französische Soziologe Pierre Bourdieu (1930-2002) zählt zu den einflussreichsten soziologischen Denkern des 20. Jahrhunderts. Als gelernter Philosoph wendet sich Bourdieu in den 1960er Jahren immer mehr der Soziologie zu. In den 1980er Jahren erlangt er mit seinem Buch „Die feinen Unterschiede" (Bourdieu 1987) weltweit Berühmtheit (vgl. Barlösius 2006). Bourdieu grenzt seine Handlungstheorie vor allem von Rational-Choice-Theorien bzw. dem Homo Oeconomicus ab, die aus der Denktradition der Ökonomie stammen (a.a.O., 8). Für Bourdieu bedeutet soziales Handeln mehr als nur ein rationales Vorgehen, mehr als nur eine Befolgung von Regeln und Normen (a.a.O., 116). Stattdessen stellt er ab auf „ein Verstehen der Logik all jener Handlungen, die vernünftig sind, ohne deswegen das Produkt eines durchdachten Plans oder gar einer rationalen Berechnung zu sein" (Bourdieu 1993, 95). Ein solches Verstehen gelingt den Menschen „habituell". Das Habitus-Konzept zählt – wie die Vorstellung vom sozialen Feld und vom kulturellen Kapital – zu den wichtigsten Erkenntnisinstrumenten, die Pierre Bourdieu den Sozialwissenschaften gegeben hat.

Kasten 1 ▶ Erste Definitionen des Habitus

Im Werk von Bourdieu sind Definitionen zum Habitus verstreut. Wir geben hier erste Definitionen von Bourdieu und aus der Sekundärliteratur wieder. Erläuterungen folgen in verschiedenen Anläufen im gesamten Kapitel:

Habitus,
- als das „Prinzip des Handels, Wahrnehmens und Denkens sozialer Individuen" (Fröhlich/Rehbein 2009, 111),
- ist das „Körper gewordene Soziale" (Bourdieu/Wacquant 1996, 61).
- In ihn sind Denk- und Sichtweisen, die Wahrnehmungsschemata, die Prinzipien des Urteilens und Bewertens, die in einer Gesellschaft bestehen, eingeflossen (vgl. Krais/Gebauer 2002, 5).

7.1 Zur Gesellschaftstheorie

Was bei den ersten Definitionen des Konzepts des Habitus von Pierre Bourdieu auffällt, ist der enge Bezug des Konzepts ‚Habitus' *zur Gesellschaft*. Folglich muss man einen Blick auf Bourdieus gesamte Theorie werfen. Dies kann hier nur in Auszügen geschehen, wobei jedoch versucht wird, keine Nebensächlichkeiten anzuführen.

Gesellschaft als Ensemble von Feldern[1]

- Nach Bourdieu ist die Gesellschaft ein „Ensemble von sozialen Feldern". Diese Felder stehen nicht beziehungslos nebeneinander, sondern wirken aufeinander ein. Die Felder werden relational zueinander gesehen.
- Jedes Feld kann als Ganzes betrachtet werden, differenziert sich jedoch auch in Unterfelder, z.B. das kulturelle Feld in das wissenschaftliche, das künstlerische und das literarische Feld.

Arten von Kapital
Die konstitutiven Elemente der Feldstrukturen bestehen aus verschiedenen Arten von Kapital. Es wird in einem viel weiteren Sinne als in der Ökonomie verstanden, wie Eva Barlösius schreibt; es geht um materielle Güter wie auch „symbolische Ressourcen (Reputation, Ansehen), die sozial ungleich verteilt sind und mit deren Besitz bzw. Nichtbesitz eine bestimmte (Macht-)Position in den verschiedenen Feldern verbunden ist" (Barlösius 2006, 188).

Bourdieu unterscheidet folgende Sorten von Kapital:
- Das ökonomische Kapital beinhaltet Geld und Besitz (aus Arbeit und/ oder Vermögen) sowie Eigentumsrechte.
- Soziales Kapital definiert Bourdieu wie folgt: „Das Sozialkapital ist die Gesamtheit der aktuellen und potentiellen Ressourcen, die mit dem Besitz eines dauerhaften Netzes von mehr oder weniger institutionalisierten Beziehungen gegenseitigen Kennens und Anerkennens verbunden sind; oder, anders ausgedrückt, es handelt sich dabei um Ressourcen, die auf der Zugehörigkeit zu einer Gruppe beruhen." (Bourdieu 1983, zit.n. Baumgart 2004, 224)
- Kulturelles Kapital oder auch Bildungskapital differenziert Bourdieu in drei Formen: a) Mit dem inkorporierten kulturellen Kapital wird die vom Einzelnen nicht delegierbare Zeit erfasst, sich Bildung (cultivation) anzu-

---

1 Das Folgende beruht auf Brüsemeister 2008, 85-98.

- eignen und zu verinnerlichen. b) Objektiviertes Kulturkapital liegt z.B. in Form von Schriften, Denkmälern oder Gemälden vor, erhält aber seinen Wert nur in Bezug auf das inkorporierte kulturelle Kapital. c) Unter das institutionalisierte kulturelle Kapital fallen insbesondere schulische und akademische Titel (vgl. Bourdieu 1983, zit.n. Baumgart 2004, 218-224).

Orientiert an einem Modell des Tausches, wie es von Ethnografen wie Lévi-Strauss vertreten wird (Lévi-Strauss 1993, 148), ist Bourdieu der Ansicht, dass sich Praktiken der Akteure in einen kulturellen Distinktionswert verwandeln lassen, der letztendlich auch sozialstrukturelle Positionen aufwertet. Macht hat nicht bloß der, der viel Geld hat (obwohl auch er natürlich Macht hat), sondern Macht kann auch durch vielfältige Praktiken entstehen.

Kasten 2 ▶	Macht durch symbolische Tauschakte

Macht kann zum Beispiel darin ausgedrückt werden, dass Akteur A Akteur B etwas schenkt, aber B dann ein größeres Geschenk zurück macht, obwohl es ihn fast in den Ruin treibt. B hat aber einen großen ‚moralischen' Gewinn. Gesellschaften haben viele solcher ungleichen Tauschverhältnisse, in denen derjenige, der ökonomisch gesehen wenig hat, große symbolische Gewinne einstreichen kann. Beim Tausch und Einsatz von Kapitalien geht es also nicht nur um Geld (materielles Kapital), sondern den Tausch von symbolischen Werten (kulturelles und symbolisches Kapital). Es geht um so etwas wie Ehre oder Prestige. Bourdieu schreibt: „Die einzig anerkannte Macht, in Form von Dankbarkeit, persönliche Treue oder Prestige, verschafft man sich gebend" (Bourdieu 1993, 229). Das bedeutet gerade nicht, dass Bourdieu ökonomische Macht, ökonomisches Kapital ausblendet, sondern dass er in seiner Theorie andere Prioritäten setzt, die auf symbolischen und kulturellen Aspekten liegen. Man könnte sagen, Bourdieu sieht Macht im Tausch von Symbolen.

Der Nutzeneffekt einer solchen nicht-ökonomischen Beziehung sei größer als nackte ökonomische Verbindlichkeiten. Denn in den „moralischen Verpflichtungen und affektiven Bindungen, die vom großzügigen Geschenk geschaffen und erhalten werden" (a.a.O., 230), wird die darin enthaltene Gewalt symbolisch beschönigt, damit „unkenntliche und anerkannte Gewalt" (ebd.).

Diese Wirkungsweise symbolischer Tauschakte lagert auf sozialen Unterschieden auf, die in modernen Gesellschaften institutionalisiert sind. An die Stelle von Beziehungen, die sich nur „durch unablässigen persönlichen Einsatz halten können, setzt die Institutionalisierung streng festgelegte und juristisch abgesicherte Verhältnisse zwischen anerkannten Positionen" (a.a.O., 241). So können Akteure Berufs- und Bildungstitel als „juristische Regel" (Bourdieu 1985, 26) für eine „legitimatorische Selbstbestätigung" nutzen (Bourdieu 1993, 253f.).

7.2 Habitus

Entsprechende Strategien müssen jedoch,

> um institutionalisiert zu werden, d.h. zur harten und dauerhaften Wirklichkeit von Dingen oder Institutionen gehören, auch *einverleibt* werden, da dies der sicherste Weg ist, sie selbstverständlich zu machen: wenn sie von Kindesbeinen an als selbstverständlich anerkannt und erworben werden, erlangen Dispositionen des Unterscheidens allen Anschein einer selbstverständlich ranggestuften Natur (ebd., Herv.i.O.).

Mit dem Konzept des Habitus erklärt Bourdieu nun die Verstetigung von sozialstrukturellen Hierarchien. Der Habitus beinhaltet „Wahrnehmungs- und Beurteilungsschemata" (a.a.O., 255) und vermittelt zwischen einer gesellschaftlichen „Verteilungsstruktur" (a.a.O., 257). Habituelles Handeln ist eine „regelrechte Wartungsarbeit" (a.a.O., 302), mit der die Sozialstruktur „gängig gehalten" (ebd.) wird und den Akteuren legitimatorische Selbstbestätigungen erlaubt.

Für Handelnde beinhaltet dies die Kenntnis sozialer Felder. Spielregeln, die dort praktiziert werden, sind einerseits mit kognitiven Prozessen verbunden, andererseits habitualisiert, in leiblichen Dispositionen fundiert. Am gesamten Verhalten lässt sich ablesen, ob Akteure die Regeln eines bestimmten sozialen Feldes beherrschen.

> Man könnte als Beispiel [...] irgendeinen Unterbereich des Felds der Kulturproduktion nehmen, wie die Welt der Malerei, in welcher die Geltung jedes Malers in einem [...] Spiel von unbestimmt klugen Urteilen bestimmt wird: die vollkommene Kenntnis des ‚Spiels' [...], der Verhaltensweisen, die gegenüber Kritikern, Kunsthändlern, Malerkollegen angebracht sind, der Äußerungen, die man ihnen gegenüber tun muß, der Personen, mit denen man Umgang pflegen oder die man meiden muß, [...] ist [...] Teil der absolutesten Bedingungen der Akkumulation von Geltung, aus der sich Berühmtheit ergibt (a.a.O., 250, Anm.).

Ein im Habitus gleichsam natürlich erscheinendes Verhalten wurde mit erheblichen ‚kulturellen Investitionen' (Bourdieu 1987, 489) erkauft, gewissermaßen mit der Lebensgeschichte bezahlt. Als einverleibte und damit vergessene Geschichte sei der Habitus wirkende Präsenz der gesamten Vergangenheit, die ihn erzeugt hat (Bourdieu 1993, 105). „Deshalb macht gerade er die Praktiken relativ unabhängig von den äußeren Determiniertheiten der unmittelbaren Gegenwart" (ebd.). Überzeugungen von der Sinnhaftigkeit der eigenen Urteile werden „mit der Ersterziehung" (a.a.O., 221) eingeprägt und verfestigen sich unbemerkt im alltäglichen Handeln.[2]

> **Kasten 3 ▶ Weitere Beschreibungen des Habitus**
>
> Habitus ist somit „Spontaneität ohne Willen" (Bourdieu 1987, 734). Er stelle die „Lösung der Paradoxe des objektiven Sinns ohne subjektive Intention" dar, „jene Verkettung von ‚Zügen', die objektiv wie Strategien organisiert sind, ohne das Ergebnis einer echten strategischen Absicht zu sein" (Bourdieu 1993, 115f.). Bourdieu lehnt das Modell bewusst kalkulierender Akteure ab, die „bei ihren Erwartungen von einer exakten Bewertung ihrer Erfolgschancen ausgehen wie Spieler, die ihr Spiel aufgrund vollkommener Informationen über ihre Gewinnchancen gestalten" (a.a.O., 100). Habitus ist vielmehr „einverleibte, zur dauerhaften Disposition, zur stabilen Art und Weise der Körperhaltung, des Redens, Gehens und damit des Fühlens und Denkens" (a.a.O., 129) gewordene Handlungsweise.

Der in einem Feld etablierte Spieler „tut in jedem Augenblick das, was zu tun ist, was das Spiel verlangt und erfordert. Das setzt voraus, dass man fortwährend erfindet, um sich den unendlich variablen, niemals ganz gleichen Situationen anzupassen. Das lässt sich durch mechanische Befolgung einer expliziten und – so sie existiert – kodifizierten Regel nicht erreichen" (Bourdieu 1992, 83). Die von Bourdieu hier benannte situationsangepasste Regelbefolgung wird durch die „libido sciendi" (Bourdieu 1983, zit.n. Baumgart 2004, 219) möglich, jene affektive Dimension des Verhaltens, die man sich wie eine „sichtbare Muskulatur oder eine gebräunte Haut zulegt" (ebd.). In die libido sciendi investiert man Zeit in die Inkorporation von Bildungskapital, wobei diese Investition persönlich vorgenommen werden muss (ebd.).

Die Inkorporierung solchen Kapitals könne sich „ohne ausdrücklich geplante Erziehungsmaßnahmen, also völlig unbewusst, vollziehen" (a.a.O., 220). So, wie habituelle Strategien in ihrer Bezogenheit auf soziale Positionen nicht er-

---

[2] Das Individuum bleibe Janning zufolge „den sozialen Bedingungen seiner Primärsozialisation verhaftet" (Janning 1991, 30).

kannt werden, so ist auch die sozialisatorische Genese dieses Verhaltens vergessen und außerdem auch die Tatsache, dass es durch Praktiken immer wieder erneuert wird. Habitus erlaubt, über diese sozialen Bedingungen gerade nicht nachzudenken. Trotzdem oder gerade deshalb können Spielregeln umso besser befolgt werden. Unter Spielregeln versteht Bourdieu „eine Gesamtheit von objektiven Regelmäßigkeiten, die sich jedem aufzwingen, der in ein Spiel eintritt" (Bourdieu 1992, 81). Den Akteuren ist dagegen nur ein Sinn für das Spielen präsent. „Und dieser ‚Sinn' [...] funktioniert jenseits des Bewusstseins und des diskursiven Denkens (nach Art etwa der Körpertechniken)" (ebd.).

> **Kasten 4 ▶   Beispiel: Luis rollert – und fällt**
>
> Meine Frau und ich „leihen" uns unseren Neffen Luis, 5 Jahre alt, für einen Urlaub auf Borkum aus. Bei Streifzügen an der Strandpromenade und durch Einkaufsstraßen fährt Luis mit seinem Tretroller immer ein bisschen voraus. Eines Morgens trifft das Vorderrad seines Rollers genau eine kleine Fuge auf dem Gehsteig. Luis stürzt, fängt sich aber noch im Fallen mit seinen Händen ab; sein Körper berührt gar nicht den Boden; er steht sofort wieder. Seine Erklärung: „Fallen habe ich im Judo gelernt!". Luis kann blitzschnell von einem Sinn für ein bestimmtes Spiel – Rollerfahren – zu einem anderen Sinn überwechseln, wenn es die Situation erfordert: hier ist es eine Abrolltechnik, die er im Judo gelernt hat. Das „Wissen", wie man in so einem Fall reagiert, hat er kognitiv („Ich war im Judokurs"), aber *in der Situation selbst* gleichsam *in* seinem Körper. Er ist sozusagen kognitiv und über seinen Körper auf eine Strategie „verpflichtet", die sozusagen automatisch abgerufen wird, wenn es die Situation erfordert.
>
> **Beispiel: Der Pressesprecher**
> Bourdieu sieht solche Fähigkeiten von Akteuren nicht nur in besonderen Ausnahmesituationen – hier: einem Sturz –, sondern für jegliche Arten des Handelns, alltägliche, auch berufliche. Zum Beispiel gebietet es sich einem Pressesprecher der Regierung, bei einer kritischen Frage eines Journalisten wie mit einer Körpertechnik zu reagieren, die aber analytisch nicht unabhängig vom Denken ist: er nimmt Haltung an, streckt die Brust heraus, sagt wenig Entlarvendes, verteidigt die Position der Regierung. Dies hat er schon 100 Mal vorher so getan. Sein Körper, sein „Geist", „er" als Person „wissen", wie man in solchen Fällen reagieren muss. Diese Art zu handeln ist ihm zu einer zweiten Haut geworden.

Aus der Tatsache, dass sich Akteure gleichsam körperlich auf Strategien verpflichtet haben, rührt auch die Heftigkeit sozialer Kämpfe. Was in ihnen aufeinander prallt, sind in erster Linie über den Körper sowie Gefühle einsozialisierte Wertigkeiten und weniger komplexe Programme kognitiver Weltdeutungen. Strategien und die Kenntnis sozialer Felder funktionieren im Rahmen ‚spürbarer Zugehörigkeiten' (Villa 1996):

> Somatisierungen als die Herausbildung einer sozial bestimmten leiblichen Existenz sowie Naturalisierung als der Vorgang, durch den die soziale Bestimmtheit der Leiblichkeit verschleiert und uns zur zweiten Natur wird, wären demnach die Mechanismen, mittels derer soziale Strukturen zu Bestandteilen unserer subjektiven Identität würden. Anders ausgedrückt: wir *verkörpern* unsere Position [...] in einer ganz ‚natürlichen' Art und Weise (a.a.O., 150; Herv. i.O.).

Akteure müssen und können auch gar nicht in sozialen Kämpfen Strategien rein kognitiv kontrollieren, da sie dies in der Situation überfordern würde. Offensichtlich können sie dagegen in gefühlten Selbstüberzeugungen situationsflexibel handeln, und zwar gerade auch im Angesicht eines Gegners, der dagegen hält. Wäre der soziale Kampf um Lebensstile nur kognitiv, müssten sich die Akteure schon nach wenigen Augenblicken darüber auseinandersetzen, welche der Anschauungsweisen denn nun „richtiger" wäre. Kompromisse und nicht Kämpfe wären die Folge.

Grundsätzlich haben Akteurstrategien nach Bourdieu durch das Weiterwirken der „Ersterziehung" (Bourdieu 1993, 221) ein Beharrungsvermögen. Der Grund dafür liegt in den Investitionen in die eigene Bildung. Wie stark die Verpflichtung auf Strategien ist, hängt davon ab, wie lange der Lernvorgang dauert, an dessen Ende die Akteure von ihren Lebensstilen überzeugt sind. Ist der Lernvorgang intensiv, so erhöht sich die Möglichkeit, das Individuum als Mitglied einer spezifischen Gruppe, eines Kollektivs oder einer Klasse, zu identifizieren.[3] Dispositionen können sich länger halten „als die ökonomischen und sozialen Bedingungen ihrer Erzeugung" (a.a.O., 117). Dies bezeichnet Bourdieu als „Hysteresis-Effekt des Habitus" (Bourdieu 1987, 238).

Kasten 5 ▶	Beispiel Spiderman

Durch den Hysteresis-Effekt besitzt der Habitus also ein Beharrungsvermögen: dies ermöglicht z.B. Spiderman, wie eine Spinne unter der Decke zu kleben. Dieses Beispiel macht klar: Durch den Hysteresis-Effekt werden

---

3 „Als Produkt der Geschichte", so Bourdieu (1993, 101), „produziert der Habitus individuelle und kollektive Praktiken".

> gleichzeitig Strategien ermöglicht, die es sonst nicht geben würde! Beharrungsvermögen heißt also nicht, dass die Strategien eingeschränkt, konservativ sind, sondern Eröffnung und Ermöglichung von – in Teilen immer kreativen – Strategien.
>
> So weiß Spiderman zwar, wenn er sein Kostüm anzieht, dass er durch gleichzeitiges Strecken von Unterarm und Handballen Netze an die gegenüberliegende Hauswand schießen kann, an denen er sich dann entlanghangelt, aber er muss immer ein bisschen ausprobieren, wie weit oder in welchem Winkel er schießt. Denn seine Jagdwege nach dem Bösewicht in den Häuserschluchten fallen immer etwas anders aus – es gibt einfach kein festes Programm, das man ablaufen lassen könnte. Spiderman muss, um mit den sich ständig ändernden Situationen zurechtzukommen, seine ganze Erfahrung einsetzen: seine Dispositionen der Körperhaltungen, des Gehens, Denkens und Fühlens.

Lebensstile und Klassen im symbolischen Raum
Gemäß der Feldtheorie Bourdieus zeichnet sich der soziale Raum durch Wahlverwandtschaften zwischen Trägern gleichen Habitus bzw. ähnlicher Kapitalausstattungen aus. Akteure mit ähnlichen Interessen und Spielsinn finden zueinander und grenzen sich von anderen Akteuren ab (Golf vs. Fußball). Auf der Basis von Ähnlichkeiten finden soziale Schließungsprozesse statt. Der Stil der eigenen Gruppe ist Zugangskriterium nach innen und zugleich Abgrenzungskriterium nach außen. Insbesondere die Oberklasse (die Bourgeoisie, die kulturelle und politische Elite) ist in dieser Hinsicht bedeutsam. Ihre Macht beruht im Wesentlichen auf kulturellem Kapital. Es wird eingesetzt, um sich gegen aufrückende Mittelklassen (Kleinbürger) abzusetzen und den eigenen Machtvorteil zu behaupten. Dieses Kapital bzw. die aus ihm folgende symbolische Macht beinhaltet allgemein gesprochen Versuche, anderen Gruppen die eigenen Spielregeln vorzugeben.

Die Macht, ein begrenztes Spektrum von Spielen und Regeln als die einzig gesellschaftlich legitimierten erscheinen zu lassen, wendet die Oberklasse vor allem gegenüber Mittelklassen an. Sie zwingen sie, hinsichtlich des kulturellen und ökonomischen Kapitals, also Bildung und Reichtum, mitzuhalten. Ziehen Mittelklassen nach, hat die Oberklasse bereits auf neue Felder mit Seltenheitswert gesetzt, und die Mittelklasse steht gleichsam mit leeren Händen da; das Spiel beginnt von neuem.

Vom Kampf um das richtige Spiel, das nach Bourdieu vor allem zwischen (aufstrebenden) Mittelschichten und der (etablierten) Oberschicht entbrennt, sind Unterschichten relativ abgekoppelt. Der wichtigste Grund ist ein überlieferter Vorbehalt, ein Unbehagen gegenüber höherer Bildung, also genau demjenigen Mittel, mit dem Mittelschichten zu Oberschichten aufholen wollen.

Kasten 6 ▶	Beispiel: Der Kampf um Bildungstitel

Das moderne Bildungssystem rührt die Hoffnung, die Situation vieler durch die Öffnung der Hochschulen bzw. die Vermehrung von Abitur- und Hochschultiteln zu verbessern. Die neuen Ansprüche mussten denjenigen Klassen, die traditionell eine Art Monopol im Bildungsbereich besaßen, wie eine Kampfansage erscheinen. Durch die Bildungsexpansion sind auf den ersten Blick viele Privilegien abgebaut worden; insbesondere die Bildungsbenachteiligung von Frauen wurde abgeschwächt. Aber zugleich haben die oberen Klassen ihre Abstände zu den unteren Klassen, die im Zuge der Bildungsexpansion aufholen wollten, gewahrt.[4] Unter dem Deckmantel einer Demokratisierung des Bildungswesens haben sich z.B. in Frankreich privilegierte Bildungseinrichtungen (die Grand écoles) erhalten; Kinder von Oberschichten finden nach wie vor privilegierten Zugang zu Elitehochschulen und -studienrichtungen. Diese Kinder haben von Haus aus ökonomisches Kapital, um nicht während des Studiums arbeiten zu müssen. Und Kinder anderer Schichten müssen mit Entwertungen der neu erworbenen Titel rechnen. Die gestiegenen Zahlen von Abgängern beinhalten, dass man zwar ohne Abitur bzw. Diplom gar nicht in gesellschaftlichen Feldern mitspielen kann, mit ihnen allein jedoch auch nicht. Der formale Abschluss ist notwendiges, aber nicht hinreichendes Kriterium.

Das Bildungssystem behandelt bei der Benotung schulischer Leistungen alle nach gleichen Grundsätzen, übersieht jedoch systematisch die Vorsprünge an kulturellem Kapital, welches Kinder aus oberen Schichten schon mitbringen; das Bildungssystem vermittelt also nur eine „Illusion der Chancengleichheit" (Bourdieu/Passeron 1971; dazu unten mehr). Die mitgebrachten Vorsprünge werden durch Zeugnisse, Diplome, gleichsam amtlich beglaubigt. Der Vorsprung, in Form guter Noten dokumentiert, erscheint zudem als natürlicher Vorsprung einer Person, wird also nicht mehr mit Klassen und deren unterschiedlicher Kapitalausstattung in Verbindung gebracht.

Unterhalb der scheinbaren Demokratisierung geht Bourdieu für das französische Bildungssystem davon aus, dass es erhebliche qualitative Unterschie-

---
4 Zur Bildungsexpansion in Deutschland vgl. Hadjar/Becker 2006.

de zwischen den staatlichen Eliteschulen, auf die die politische Klasse (hohe Beamte, Entscheidungsträger) ihre Kinder schicken, und den übrigen Massenuniversitäten gibt. Schüler der Eliteschulen sind durch ihre Titel von anderen Akteuren – ähnlich wie im Mittelalter der Hochadel einerseits sowie der niedere Adel andererseits – durch eine absolute Grenze getrennt. Zwischen den Akteuren, die das Bildungssystem erfolgreich durchlaufen, und den übrigen wird durch die Verleihung von Titeln eine klassifizierende Grenze geschaffen, die dauerhaft das Leben der „Geweihten" von den übrigen abtrennt.[5]

Kasten 7 ▶ Titel schaffen eine klassifizierende Grenze

Diese Grenze
„wird schließlich im und durch den *concours* selbst und an dem von ihm vollzogenen rituellen Schnitt deutlich, jener wahrhaft magischen Grenze, mit der zwischen dem letzten, der bestanden hat, und dem ersten, der durchgefallen ist, ein Wesensunterschied gesetzt und durch das Recht auf das Tragen eines *Namens*, eines *Titels* markiert wird. Dieser Einschnitt ist ein wahrhaft magischer Vorgang, und sein Paradigma ist die von Durkheim analysierte Trennung zwischen Heiligem und Profanem. Der Akt der Klassifizierung durch Bildung ist immer, aber in diesem Falle ganz besonders, ein *Ordinationsakt*, ein Akt der Zuordnung wie der Weihung. Er setzt soziale Rangunterschiede, *endgültige Standesverhältnisse*. Die Erwählten sind durch ihre Zugehörigkeit (etwa als Ehemalige einer Grand école) fürs Leben ausgezeichnet; sie sind Mitglieder eines ‚Ordens' in geradezu mittelalterlichem Sinne und eines Adelsstandes, einer scharf abgegrenzten Gesamtheit (zu der man gehört oder nicht gehört) von Personen, die durch einen Wesensunterschied von den gewöhnlichen Sterblichen getrennt und zur Herrschaft legitimiert sind. Insofern ist die von der Schule vollzogene Trennung auch eine Ordination im Sinne einer Konsekration, einer Inthronisierung in eine heilige Kategorie, einen Adel. Unsere Vertrautheit mit diesen scheinbar rein sachlichen Akten, die das Bildungssystem vollzieht, hindert uns daran, all das zu sehen, was sie verbergen" (Bourdieu 1998, 37; Herv. i.O.).
Man könnte auch sagen: Ein Titel ist eine Eintrittskarte, und zwar in einem nicht-graduellen Sinn: denn es gibt keine halben Eintrittskarten. Und: Die Sachlichkeit des Vorgangs verhüllt, dass es sich nach Bourdieu um eine „Inthronisierung in eine heilige Kategorie" handelt. Man *gehört dazu* (oder eben nicht).

---

5 Bourdieu (2004) hat diesem Phänomen eine eigene, umfangreiche Studie gewidmet.

Bourdieu ist damit der Auffassung, dass in Gesellschaften, in denen Akteure gleiche Rechte besitzen, gerade durch das Bildungssystem, welches für gewöhnlich als Agentur der Gleichheit angesehen wird, unter der Hand soziale Schließungsprozesse eingeführt und legitimiert werden:

> [...] in societies that claim to recognize individuals only as equals in right, the educational system and its modern nobility only contribute to disguise, and thus legitimize, in a more subtle way, the arbitrariness of the distribution of powers and privileges that perpuates itself through the socially uneven allocation of academic titles (Bourdieu 1989, 16).

Illusion der Chancengleichheit
Ausschlaggebend war hier die Untersuchung von Bourdieu/Passeron (1971) zur „Illusion der Chancengleichheit" aus den 1970er Jahren, so das gleichnamige berühmte Buch. Hierin stellen die Autoren fest: „Zweifellos drückt sich auf Hochschulniveau die ursprüngliche Ungleichheit der Bildungschancen vor allem in der Tatsache aus, dass die verschiedenen sozialen Klassen sehr ungleich vertreten sind." (Bourdieu/Passeron 1971, 20) In Korrelation mit dem Beruf des Vaters werden die Chancen auf einen Hochschulbesuch signifikant determiniert. Die Eliminierung der unterprivilegierten Schichten (i.e. Landarbeiter, Bauern, Arbeiter und Dienstleistungspersonal) belegen Bourdieu/Passeron mit folgender Statistik: Während Kinder aus der unterprivilegierten Klasse mit unter 5% allenfalls eine symbolische Chance auf einen Hochschulbesuch haben, liegt die Chance bei bestimmten mittleren Schichten (Angestellte, Handwerker, Kaufleute) immerhin zwischen 10 und 15%, mittlere Kader erreichen 30%, während Freiberufler und Führungskader mit 60% doppelt so hoch abschneiden (ebd.).

Diese unterschiedlichen Zugangschancen haben weitreichende Folgen für die Einschätzung des Studiums. Während es bei den unterprivilegierten Schichten einen Nimbus der Unerreichbarkeit bekommt, stellt es für höhere Schichten eine mögliche oder sogar normale Zukunftsoption dar, so dass korrespondierende Ausbildungsgänge angestrebt werden (a.a.O., 22). Währenddessen wirkt sich die herkunftsbedingte Benachteiligung gravierend auf die Chancen der Kinder aus unterprivilegierten Klassen aus: Sie werden dergestalt eliminiert, dass sie nicht nur einen erschwerten Zugang ins Hochschulsystem erfahren, sondern – so ihnen dieser überhaupt gelingt – auch in ihrer Wahlmöglichkeit weitgehend auf zwei Fakultäten (i.e. Philosophie und Naturwissenschaften) beschränkt. Auch ist gerade bei Studenten aus unterprivilegierten Schichten eine verstärkte Unsicherheit bezüglich des Studiengangs feststellbar, während sich gleichzeitig ihre Studienzeiten verlängern (a.a.O., 25). In der Philosophischen Fakultät sehen Bourdieu/Passeron den Einfluss der sozialen Herkunft am deutlichsten. Es kommt zu einem Zusammenspiel negativer Faktoren: Die Phänomene der Eliminierung, Abdrängung und Studienzeitverlängerung sind gerade in den Fächern, in die die kulturell Benachteiligten abgedrängt werden, am häufigsten (a.a.O., 28).

> **Kasten 8 ▶ Wirkung kultureller Faktoren**
>
> Gemäß Bourdieu/Passeron sind für die hohe Variabilität der „‚Sterblichkeitsrate' im Bildungssystem" (ebd.) nach sozialer Schicht kulturelle Faktoren ausschlaggebend, die auf der Ebene der Hochschule für signifikante Verhaltensunterschiede der Studenten sorgen. Die Autoren verweisen darauf, dass die soziale Herkunft der Studenten für den gesamten Bildungsgang und speziell für dessen elementare Wendepunkte essenziell ist. Es findet eine Beeinflussung durch kulturelle Vorbilder statt: durch ungleiche Informationsverteilung hinsichtlich der Berufsmöglichkeiten, durch die Verbindung bestimmter Fächer (z.B. Latein) mit bestimmten sozialen Milieus sowie durch die Fähigkeit, sich den im Bildungssystem herrschenden Vorbildern, Regeln und Wertvorstellungen anzupassen (a.a.O., 31). Aus diesen Faktoren resultiert die Fremd- bzw. Eigenbeurteilung der Studierenden, „fehl oder richtig am Platz" zu sein (ebd.).

Des Weiteren ist die kulturelle Herkunft bei gleicher Befähigung ausschlaggebend für eine, durch die jeweiligen Gesellschaftsklassen induzierte, ungleiche Erfolgsquote, speziell in den Fächern, die kulturelle Gewohnheiten, finanzielle Möglichkeiten oder intellektuelles Vorwissen erfordern (ebd.). Aus dem Herkunftsmilieu übernommene kulturelle Gewohnheiten werden durch frühzeitige Orientierungen verstärkt, wodurch es gemäß Bourdieu/Passeron zu Kettenreaktionen kommt, die die soziale Ungleichheit zusätzlich verstärken (a.a.O., 32). Während bis zu 83% der Kinder aus dem Führungskader an der philosophischen Fakultät Latein beherrschen, sind es lediglich 41% der Arbeiter- und Bauernkinder, wodurch der kumulierte Studienvorteil aus humanistischer Bildung und sozialer Herkunft offensichtlich wird (ebd.). Auch ist der Einfluss der Eltern auf die Wahl des Studiengangs im Bereich des Führungskaders größer, ebenso wie die Überzeugung von der eigenen Begabung, die Willkürlichkeit des intellektuellen Engagements und die Begeisterung für exotische Modethemen.

Bourdieu/Passeron sind überzeugt, dass das kulturelle Erbe meist diskret und indirekt qua „diffuser Reize", d.h. ohne explizite Methodik oder Maßnahmen, vermittelt wird. Angehörigen der unterprivilegierten Klassen bleibt dagegen keine andere Alternative als schulmäßiges Lernen und Bemühen (a.a.O., 38f.). Folglich wird auch verständlich, dass der Schulunterricht einen wichtigen Teil zur Reproduktion der Ungleichheit beiträgt, wird doch das in ihm vermittelte Wissen gegenüber dem Wissen, das familiär übertragen wird, geringer geschätzt und somit die Besserbehandlung der kulturell Privilegierten im Schulunterricht gefördert (a.a.O., 40f.).

Die Eroberung neuer Kapitalsorten
Der Habitus ist aber nicht nur die Fortschreibung des Erlernten, sondern auch die Ermöglichung zu veränderten Strategien. Während die kulturelle Herkunft die Akteure gleichsam an ihre Klassenstrukturen zu ketten scheint, lässt die gleiche Art des Habitus Akteure auch z.B. neues soziales Kapital entdecken.

Kasten 9 ▶ Eroberung sozialen Kapitals

Bourdieu hat bei seinen Untersuchungen festgestellt, dass Kinder „der besten Familien die besten Schulen besuchen und auf ihnen die besten Abschlüsse machen" (Fröhlich/Rehbein 2009, 113). Den Grund hierfür sieht er darin, dass die Herrschenden das Feld der Bildung etabliert haben, und Kinder, die im Milieu der Herrschenden habitualisiert werden, besser an das Bildungssystem angepasst sind. Um beste Noten zu bekommen, müssen sie sozusagen nur ihren Neigungen freien Lauf lassen. Das kulturelle Kapital, über das sie verfügen, öffnet diesen Kindern andere Handlungsmöglichen im Vergleich zu Kindern anderer sozialer Herkunft.
Dennoch gibt es hin und wieder, wenn auch in Relation zu Akademikerkindern in niedriger Zahl, Arbeiterkinder, also Kinder, die nicht in Milieus der Herrschenden aufwachsen, die ebenfalls gute Abschlüsse erlangen. Eigentlich kennen sie nicht die Regeln des sozialen Feldes; es fehlt ihnen das nötige Kapital, um angemessen und erfolgreich darin handeln können; aber trotzdem schaffen sie es. Wie geht das?
Ein Erklärungsversuch mit Bourdieus Habitus-Konzept betont insbesondere Lebenserfahrungen und Innovationsfähigkeiten der Einzelnen. Das Arbeiterkind entwickelt aufgrund seiner Lebenserfahrung im Gegensatz zu dem Akademikerkind einen stärkeren „Kampfgeist", den man benötigt, um sich in einem neuen sozialen Feld überhaupt weiter aufhalten, sich dieses Feld erschließen zu können, um im sozialen Feld einsatzbereit zu sein. Das Akademikerkind kennt sich durch seinen Habitus schnell im Feld aus; er ermöglicht eine gleichsam „natürliche" Beteiligung am Spiel. Aber dadurch, das dass Arbeiterkind bereit ist, in dem Feld der Schule zu bleiben,

> bereit ist, die Regeln zu lernen und zu respektieren, ist sein Habitus formbar, lernfähig; er ist, um bei Bourdieus Begriffen zu bleiben, offen für die Möglichkeit der Restrukturierung.
> Wie Forschungen zeigen (vgl. Uslucan 2011, Raiser 2007), kompensieren dabei Benachteiligte mangelndes kulturelles Kapital durch ein Mehr an sozialem Kapital. Das, was Akademikerkinder bereits an Wissen intus haben, holen sich Arbeiterkinder über ein Netzwerk von Bekannten und Freunden.

Ortseffekte
In einer seiner jüngeren Studien („Das Elend der Welt"), in der Bourdieu mit einem Team von AutorInnen die Auswirkungen der Ökonomisierung auf die Gesellschaft Frankreichs untersucht (Bourdieu u.a. 1997), beschäftigen sich die AutorInnen mit sogenannten „Ortseffekten". Dies steht in Zusammenhang damit, dass die verschiedenen sozialen Felder ungleiche Chancen bezüglich der „Aneignung des Raumes" (Bourdieu u.a. 1997, 163) besitzen, wobei dies eine Folge unterschiedlicher Kapitalausstattungen der Akteure in den jeweiligen Feldern ist sowie wiederum unterschiedliche Möglichkeiten der Akkumulierung von Kapital nach sich zieht.

- So haben die etablierten Pariser Kunsthändler (a.a.O., 161) leichtes Spiel, ihr investiertes kulturelles Kapital, welches in Markennamen, Kunstgegenständen und Geschäftsfassaden symbolisiert ist, zu verstärken, was sich konkret in Geschäftsvierteln mit besonderer „Ausstrahlung" quasi naturalistisch manifestiert.
- Den Akteuren mit einem geringeren Kapital, die sich in „schlechten" Wohnsiedlungen konzentrieren, rechnet man dagegen nicht nur das geringe Kapitalvermögen, sondern auch die „Schlechtigkeit" ihres Wohnumfeldes an. In diesem Punkt ist der gleiche Verstärkereffekt unter Einbezug des Raumes zu vermerken, allerdings mit einem negativen Vorzeichen versehen.

Solche räumlichen Verstärkereffekte sind entscheidend für die Zugriffsmöglichkeiten auf gesellschaftliche Ressourcen. Wenn soziale Räume über einen Materialisierungs- und Symbolisierungseffekt derjenigen sozialen Beziehungsstrukturen, deren Ausfluss sie sind, soziale Lagen stigmatisieren (so in den Wohnghettos) oder nochmals steigern (wie bei den angesehenen Kunsthändlern), hat dies einen entscheidenden Einfluss auf habituelle Wahrnehmungsmuster.

> **Kasten 10 ▶ Merksatz**
>
> Über Räume als Verstärker des Habitus glauben die Menschen an eine Unter- oder Überlegenheit, da ihnen dies fortlaufend in Form von Gebäuden und Gegenständen, der materialisierten Sozialstruktur, nochmals entgegengespiegelt wird.

Ungleiche Verteilungsstrukturen von Kapitalien, die sich in den naturalisierten sozialen Raumstrukturen wiederholen, entscheiden über die Zugriffsmöglichkeit und die Zugriffszeit auf knappe Ressourcen. Bourdieu erwähnt in diesem Zusammenhang, dass schon die Tatsache des unterschiedlichen ‚Zugangs zu öffentlichen und privaten Verkehrsmitteln' (a.a.O., 163) ausschlaggebend ist, um Bildungs-, Gesundheits- oder Kultureinrichtungen nutzen zu können. Akteure mit hohem kulturellem Kapital nutzen Konvertierungsmöglichkeiten, die dem kulturellen Kapital eigen sind und die durch symbolträchtige Orte, die Geschichten erfolgreicher Konvertierungen wiedergeben, verstärkt werden. Den Akteuren ist die Transzendierung räumlicher Beschränkungen möglich, d.h. sie müssen nicht nur nicht als Körper anwesend sein, sondern sie können sogar noch Orte symbolisch besetzen, deren Prestige die Akkumulationsrate weiter antreibt. Wer hat, bekommt noch mehr.

- Für die Kapitallosen gilt ebenfalls diese ‚Logik der Übertragung' (Bourdieu 1983, zit.n. Baumgart 2004, 221), nur dass sie ein negatives Vorzeichen hat, insofern man in Sozialräumen mit einem geringen objektivierten Kulturkapital verharren muss.
- Statt der Ausstrahlung eines Prestiges über den unmittelbaren Ortsraum hinaus verstärkt für die Akteure mit geringerer Kapitalausstattung „der Mangel an Kapital [...] die Erfahrung der Begrenztheit: er kettet an einen Ort" (Bourdieu u.a. 1997, 164). In den Banlieus ist schließlich fast schon derjenige ein Held, der es schafft, z.B. mit Hilfe eines Autos aus der stigmatisierenden Verstärkung auszubrechen, die zwischen dem Wohnort und den individuellen Fähigkeiten einer Person gestiftet werden.
- In der Regel gilt jedoch: Alles, was man hat, kann nicht nur *nicht* für die Akkumulation verwendet werden, sondern muss schon dafür herhalten, eine Deplazierung, eine „Feindseligkeit" (ebd., Anm. 1) zu bekämpfen, die vom stigmatisierenden Ort ausgeht.

> **Kasten 11 ▶ Heimliche Gebote und stille Ordnungsrufe des Raumes prägen den Habitus mit**
>
> Für die *Genese des Habitus* sind die in den städtischen Strukturen verkörperten sozialen Beziehungsmuster der Unter- und Überlegenheit, wie sie Bourdieu u.a. in „Das Elend der Welt" herausstellen, besonders wichtig. Vermittelt über eine Lokalisierung erfahren Muster der Wahrnehmung, die die Menschen aus reichen oder armen Gegenden als Menschen „ihrer" Gegend identifizieren, eine Verstärkung. Weil Gebäude, Straßen und Plätze ihr Erscheinungsbild nur relativ langsam verändern, spricht Bourdieu von einer „Beharrungskraft der Strukturen des Sozialraums" (a.a.O., 161), die nachhaltig auf die Ausformung eines Habitus wirkt:
> „Die im physischen Raum objektivierten großen sozialen Gegensätze (z.B. Hauptstadt/Provinz) tendieren dazu, sich im Denken und Reden in Gestalt konstitutiver Oppositionen von Wahrnehmungs- und Unterscheidungsprinzipien niederzuschlagen, also selbst zu Kategorien der Wahrnehmung und Bewertung [...] zu gerinnen" (a.a.O., 162).
>
> Die Vermittlung geschieht durch „unmerkliche Einverleibung der Strukturen der Gesellschaftsordnung", durch die „heimlichen Gebote und stillen Ordnungsrufe der Strukturen des angeeigneten Raumes", durch die „unzählige Male wiederholte Erfahrung(en) räumlicher Distanzen" (ebd.) – an denen die Kapitallosen irgendwann resignieren oder die die Kapitaleigner als Gelegenheiten für weitere Akkumulationsstrategien wahrnehmen.
> Der Habitus bleibt dabei stark den stillen Ordnungsrufen der räumlichen Strukturen verhaftet. In „Die feinen Unterschiede" schreibt Bourdieu, dass der Habitus „die Unterschiede aus der *physischen Ordnung* der Dinge in die *symbolische Ordnung* signifikanter Unterschiede" verwandelt (1987, 284, Herv. i.O.).

Somit werden soziale Unterschiede über den Habitus und über den Raum naturalisiert. Akzent, Geburts- und Wohnort (Bourdieu u.a. 1997, 165) weisen einen Akteur als jemanden aus, der verfügt oder über den verfügt werden kann:

> Ähnlich wie ein Club, der unerwünschte Mitglieder aktiv ausschließt, weiht das schicke Wohnviertel jeden einzelnen seiner Bewohner symbolisch, indem es ihnen erlaubt, an der Gesamtheit des akkumulierten Kapitals aller Bewohner Anteil zu haben. Umgekehrt degradiert das stigmatisierte Viertel symbolisch jeden einzelnen seiner Bewohner, der das Viertel degradiert, denn er erfüllt die von den verschiedenen gesellschaftlichen Spielen geforderten Voraussetzungen ja nicht. Zu teilen bleibt hier

nur die gemeinsame gesellschaftliche Ex-Kommunikation. Die räumliche Versammlung einer in ihrer Besitzlosigkeit homogenen Bevölkerung hat auch die Wirkung, den Zustand der Enteignung zu verdoppeln, insbesondere in kulturellen Angelegenheiten und Praktiken. (A.a.O., 166)

Die Analyse des Raumfaktors zeigt weiter, dass auf der einen Seite die symbolische Weihung der Orte der Kapitalbesitzenden die Strategien der dortigen Akteure legitimiert, während auf der anderen Seite die räumliche „Versammlung" der Besitzlosen zu legitimierten Strategien von Dritten, insbesondere des Staates und der Polizei, herausfordert. Dabei wird weniger auf den einzelnen Akteur angemessen reagiert, sondern es sieht so aus, als würden räumliche Eigenarten den Akteuren selbst anhaften; dies ist dem Verharrungsmoment des Habitus geschuldet. Dritte Akteure können dann leicht mit stigmatisierenden Zuschreibungen daherkommen. Ordnungsrufe, Pädagogisierungen oder auch polizeiliche Gewalt, wie man sie in den Banlieus beobachtet, legitimieren sich allein schon über den „verrufenen" Ort.

Kasten 12 ▶	Übung: Woran erkennt man Klassenstrukturen?

Ich war beim Schreiben dieses Buches gerade mit anderen Kapiteln befasst. Jeden Morgen machte ich eine kleine Fahrradtour, um mich fit zu machen. Man kann von Bochum Richtung Ruhr fahren; in den Ruhrgebietsstädten liegen die reichen Stadtteile im Süden an der Ruhr. Der Ruhrschnellweg (B1, A 40) zerteilt das Ruhrgebiet in den reichen Süden und den armen Norden (im Süden liegen mehr Gymnasien, im Norden mehr Gesamtschulen). Ich fahre also an diesem Tag gen Norden. Es scheint die Sonne, alles ist prima. In Herne holpere ich die Straße entlang; die Straße ist ziemlich schlecht; ich sehe Baulücken und eine verfallene Großgärtnerei. Mehrere alte Opel, deren Lack stumpf ist, fahren langsam an mir vorbei. Darin sitzen ergraute Leute. Büroflächen werden zum Verkauf angeboten. Ich sehe viele Menschen mit Rollatoren. Plötzlich fällt mir ein, dass ich noch etwas zu Bourdieu schreiben wollte, woran man Klassenstrukturen erkennt. Ich bin die ganze Zeit durch sie hindurchgefahren – und hatte sie erst nicht gesehen.

Vermischte Milieus
Dennoch ist es eine Milchmädchenrechnung, dass sich soziale Räume und die Akteure immer so sauber ordnen wie in den genannten Beispielen – das Gegenteil ist der Fall, das Erkennen der Klassen immer schwierig, die Milieus und Herkünfte vermischt. Dazu folgendes Beispiel, nur Namen und Orte wurden geändert: Eine sehr reiche Frau aus Hamburg findet ei-

> nen neuen Freund. In Hamburg wird extra für das Paar eine Uhrenfiliale für die beiden aufgeschlossen, der Mann erhält eine Uhr, die die Hälfte meines Jahresgehalts kostet. Die Uhr erkennt man aber nicht sofort unter den schicken Hemden. Der Mann weiß aber, dass er sie hat. Er musste sich hocharbeiten, ist Vertreter für Baumaschinen. Immer wieder drohen in der Firma Entlassungen. Als das Paar eine luxuriöse Kreuzfahrt auf der Queen Mary macht, witzelt der Mann, das Kündigungsschreiben könne man ihm doch dort hin schicken.
> Das bedeutet, die Akteure können in gewisser Weise ihren Milieus trotzen – der Mann benutzt die Uhr, um sich abzugrenzen, was er aber eigentlich auch gar nicht will und auch nicht muss, da er in der Art, wie er sich in und zwischen den Milieus bewegt, völlig autonom ist.

7.3 Fazit zu Bourdieu

Bourdieu erklärt den Habitus im sozialen Kontext. Mit dem Habitus-Konzept formuliert er eine bestimmte Vorstellung von der Beziehung zwischen Individuum und Gesellschaft (vgl. Krais/Gebauer 2002, 78). „Durch sein körperliches In-der-Welt-Sein ist der Mensch immer schon in der Gesellschaft, und zwar in einer konkreten, in Raum und Zeit lokalisierten Gesellschaft." (Ebd.) Das Dasein der Individuen bedeutet, aktiv zu sein in der Gesellschaft, sich von Anfang an mit der sozialen Welt auseinanderzusetzen. Individuen produzieren durch ihre Handlungspraxen selbst die soziale Welt. Hierbei darf Habitus nicht „als ein abgeschlossenes ‚Handlungsprogramm' im Sinne verinnerlichter, fixierter Regeln oder Werte gedacht werden" (a.a.O., 79). Im Gegenteil: Habitus eröffnet kreatives, variables Handeln. Die soziale Praxis ist „weit mehr als festgelegte Normen, Erwartungen und Handlungsweisen nach dem Modell rationalen Handelns" (ebd.). Handlungsweisen werden offen, flüssig, innovativ gedacht – weil nur so Handeln in gesellschaftlichen Spielfeldern möglich ist. Jedoch werden in offenen und innovativen Anwendungen von Regeln diese Regeln eben auch bestätigt; Regeln werden anerkannt und – in veränderter Weise – fortgeschrieben.

In der bildungssoziologischen Perspektive von Pierre Bourdieu sind konflikttheoretische Elemente mit enthalten. Gesellschaft wird als Ensemble verschiedener sozialer Felder gesehen, in denen Akteure konkurrieren. Hierbei sind die „Spieleinsätze", sprich Kapitalausstattungen, ungleich. Dies befähigt zu unterschiedlichen Möglichkeiten, schulische und akademische Titel zu erwerben. Der Habitus vermittelt hierbei zwischen einer gesellschaftlichen Verteilungsstruktur und beinhaltet Wahrnehmungs- und Beurteilungsschemata, die zur

Verstetigung sozialstruktureller Hierarchien neigen. Im Bildungssystem werden hierbei trotz der formellen Gleichbehandlung aller systematisch die Vorsprünge an kulturellem Kapital übersehen, die Kinder aus oberen Schichten mitbringen. Durch die Verleihung von Bildungstiteln werden die bestehenden sozialstrukturellen Unterschiede zu einer weiteren Grenze institutionalisiert. In diesem Sinne legt Bourdieu, wie Vester resümiert (2006, 15), mit seinen Untersuchungen einen „makrosoziologischen Ansatz einer ständischen Orientierung von Klassen" dar.

Gleichzeitig lassen sich mit dem Habitus mikrosoziale Prozesse auf der Mesoebene von Bildungsorganisationen sowie auf der Individualebene untersuchen. Sichtbar wird dies beispielsweise an sozialen Schließungsprozessen, die sich im Rahmen von „Ortseffekten" im sozialen Nahbereich abspielen. Kapital erlaubt, sich erwünschten Dingen und Personen zu nähern bzw. unerwünschte Dinge und Personen auf Distanz zu halten. Der Unterlegene besitzt diese Fähigkeiten kaum, er ist vielmehr der stigmatisierenden Wirkung des Ortsraumes, die aus der Konzentration anderer Akteure mit relativ geringem Kapital entsteht, ausgeliefert. Statt der Distinktionsmöglichkeiten durch kulturelles Kapital unterliegen diese Akteure einer Naturalisierung ihrer sozialen Lage.

7.4 Beobachtungen der StudentInnen zu Bourdieu

Im Folgenden wird wiedergegeben, wie studentische Arbeitsgruppen von vier Personen eine Arbeitsaufgabe zu Bourdieu gelöst haben. Die Arbeitsaufgabe für Bourdieu lautet: „Ziehen Sie eine bereits von ihrer Arbeitsgruppe untersuchte Szene heran oder konstruieren Sie eine ganz neue Szene zwischen Studierenden einer Universität. Untersuchen Sie dann diese Szene mit der Theoriebrille des ‚Habitus' von Bourdieu." Hierbei stand zur Auswahl, auf mehrere Texte Bezug zu nehmen (Bourdieu 1993; Brüsemeister 2008; Vester 2010). Des Weiteren durften Gruppen ihre Arbeitsweisen beschreiben.

Kasten 13 ▶ Beispiele studentischer Gruppen

Gruppe 1 – Zum Habitus
Mit folgender Szene wollen wir das Prinzip des Habitus veranschaulichen: Wir stellen uns zwei frisch gebackene Studenten vor. Der eine (Student A) kommt aus wohlhabenden Verhältnissen und sein Vater ist Akademiker. Unser anderer Akteur (Student B) kommt aus eher bescheidenen Verhältnissen. Seine Eltern haben nicht studiert und konnten ihn schon zu Schulzeiten nur in geringem Maße finanziell und in Bildungsbelangen unter-

stützen. Beide müssen sich nun der Gesamtheit von Regelmäßigkeiten, die das Studentenleben mit sich bringt, unterwerfen. Schon hierbei werden unterschiedliche Voraussetzungen bemerkbar, obwohl beide einen ähnlichen Grad an Fachwissen aufweisen. Student A wird sich wesentlich schneller in das neue soziale Feld (Brüsemeister 2008, 86) Universität integrieren, da er die entsprechenden Regeln schon im Ansatz von zu Hause kennt. Für Student B wird das Erkennen und Befolgen der Regeln eine weitaus größere Schwierigkeit darstellen, da das geforderte Verhalten für ihn gänzlich neu ist. Hier wird besonders die von Bourdieu beschriebene Illusion der Chancengleichheit (Brüsemeister 2008, 90) deutlich. Neben dem unterschiedlichen sozialen Kapital weisen unsere beiden Akteure natürlich auch große Differenzen im ökonomischen Kapital auf. Da das ökonomische Kapital von Student A wesentlich ausgeprägter ist als das von Student B, wird er sich zum einen viel mehr auf das Studium selbst konzentrieren können, weil er keine zusätzliche Zeit in die Beschaffung von Finanzmittel investieren muss. Zum anderen wird gemäß Bourdieu seine soziokulturelle Position mit hoher Wahrscheinlichkeit aufgewertet werden, da sein ökonomischer Besitz sich in einen kulturellen Distinktionswert verwandeln lässt (Brüsemeister 2008, 86). Um nun noch einmal auf den Begriff des Habitus, als Spontanität ohne Willen (Bourdieu 1993, 105), zu kommen, kann man sagen, dass Student B Probleme haben wird, sein habituelles Verhalten an das seines neuen Umfelds anzupassen, weil es, wie Bourdieu beschreibt, in der Natur des Habitus liegt, alle Erfahrungen zu bevorzugen, die geeignet sind, ihn selbst zu stärken, um sich ein Milieu zu erschaffen, an das er vorangepasst ist (Bourdieu 1993, 114). Abschließend lässt sich sagen, dass beide Akteure ihr Studium erfolgreich absolvieren können, sich der Habitus von Student B jedoch in weiten Teilen verändern muss und wird, auch wenn ihm einige Eigenheiten, bedingt durch die starke Prägung der Kindeserziehung (Bourdieu 1993, 98), wohl niemals abhanden kommen werden.

Gruppe 2 – Selbstbeobachtungen
Beim ersten Treffen – noch vor der Lesephase – untersuchten wir gemeinsam den Aufbau der Texte, um deren Inhalte anhand der Kapitalüberschriften einschätzen zu können und um einen ersten Überblick zu erhalten. Wir teilten die Materialen schließlich in sinnvolle Abschnitte, die jeweils von zwei Mitgliedern gelesen und aufbereitet werden sollten. Hierbei war eine gerechte und produktive Arbeitsteilung das Ziel. Unsere Vorgehensweise sollte ein effektives und effizientes Vorgehen garantieren, was aufgrund

der Leistungsbereitschaft aller zu keinen Nachteilen bzw. Qualitätsverlusten führen sollte.
Gerade bei soziologischen Texten bietet es sich an, eigene Erfahrungen heranzuziehen, um sie mit Inhalten zu verknüpfen und ggf. auch dazu, um gegebene Beispiele in eigenen Darstellungen zu rekonstruieren. Die eigene Erfahrungswelt mit den Textinhalten in Verbindung zu setzen, motiviert zum einen ungemein, andererseits lässt sich schnell erkennen, ob einzelne Thesen auch tatsächlich verstanden wurden, wenn man diese den anderen Gruppenmitgliedern in eigenen Worten zu erläutern versucht.
Ein zweites Treffen sieben Tage später wurde dann dazu genutzt, um einander die Leseergebnisse vorzustellen und sie in Bezug zur Aufgabe zu bringen. Dass das Lesen unter Berücksichtigung des Arbeitsauftrages erfolgen muss, ist natürlich Voraussetzung. Wir kommen nun zum ersten Auszug:

Textstelle 1, Brüsemeister 2008, S. 86:
> Mit dem Konzept des Habitus erklärt Bourdieu nun die Verstetigung von sozial-strukturellen Hierarchien. Der Habitus beinhaltet „Wahrnehmung- und Beurteilungsschemata" (a.a.O., 255) und vermittelt zwischen einer gesellschaftlichen „Verteilungsstruktur" (a.a.O., 257). Habituelles Handeln ist eine „regelrechte Wartungsarbeit" (a.a.O., 302), mit der die Sozialstruktur „gängig gehalten" (ebd.) wird und den Akteuren legitimatorische Selbstbestätigungen erlaubt.
>
> Für Handelnde beinhaltet dies die Kenntnis sozialer Felder, Spielregeln, die dort praktiziert werden, sind einerseits mit kognitiven Prozessen verbunden, andererseits habitualisiert, in leiblichen Dispositionen fundiert. Am gesamten Verhalten lässt sich ablesen, ob Akteure die Regeln eines bestimmten sozialen Feldes beherrschen.

Anhand Textstelle 1 hat die Gruppe erste Eindrücke davon bekommen, wie Bourdieu das Konzept des Habitus in Bezug auf das Handeln in „sozial-strukturellen Hierarchien" versteht. Wir haben in einem (in unseren Augen) bedeutenden ersten Abschnitt die Grundannahme identifiziert, um auf dieser Basis ein weiteres Arbeiten mit den Texten zu gewährleisten. Des Weiteren verschafft uns dieser Abschnitt Kenntnis darüber, inwiefern sich der Handelnde in dieser o.g. Struktur auskennt und zurechtfindet. Diskussionsstoff lieferte vor allem der letzte Abschnitt, da unserer Meinung nach nicht bedacht wurde, dass sich ein Akteur auch absichtlich entgegen die von Bourdieu vorgestellten sozialen Regeln und Strukturen eines bestimmten sozialen Feldes verhalten kann. Nach dieser Annahme lässt sich dieses

Verhalten folglich anders deuten (z.B. Trotz), als jenes, welches auf das habituelle Verhalten zurückzuführen ist.

Eine weitere bedeutende Passage:

Textstelle 2, Brüsemeister 2008, S. 85:
Gesellschaft als Ensemble von Feldern
Nach Bourdieu stellt die Gesellschaft „ein Ensemble von Feldern" dar, welche nicht beziehungslos nebeneinander stehen, sondern aufeinander einwirken. Jedes Feld kann als Ganzes betrachtet werden, differenziert sich jedoch auch in Unterfelder, z.B. das kulturelle Feld in das wissenschaftliche, das künstlerische und das literarische Feld.

Die Theorie der „Gesellschaft als ein Ensemble von Feldern" ist ein Grundgedanke, auf dem die Habitustheorie aufbaut. Innerhalb der Felder herrscht ein Konkurrenzkampf, in dem die Beteiligten um Macht konkurrieren. Die Felder stehen nicht nur für sich alleine, sondern nehmen auch untereinander Einfluss. Innerhalb der Felder hat das Kapital eine wichtige Bedeutung. Den Grundgedanken der Felder kann man sich gut anhand von Beispielen verbildlichen. Nimmt man eine Gruppe „alternativer" Jugendlicher, bilden verschiedene Interessenbereiche die eigenen Felder (z.B. Musik, Kleidung etc.); innerhalb der Gruppe herrscht beispielsweise eine Konkurrenz, unter anderem ständig neue Musikgruppen für sich zu entdecken, doch auch die Felder konkurrieren untereinander bezüglich ihres Stellenwertes in der Gruppe.

Textstelle 3, Vester 2010, S. 142:
7.3.4 Kapital
Das Medium oder Instrument der „distinction" ist das Kapital. Das heißt, durch Besitz von bzw. Verfügung über Kapital erfolgt die soziale Abgrenzung und Hierarchisierung. Oder man kann auch sagen, Kapital ist die Ressource im gesellschaftlichen Spiel der Abgrenzung. Das ist alles andere als ein müßiggängerisches Spiel, denn die Ressource Kapital ist ja nicht wertloses „Spielgeld", sondern ermöglicht den Zustand zu Handlungsoptionen und die Ausübung von Macht.

Ebenso gut verständlich und hilfreich war Textstelle 3, die besonders hervorhebt, wie Kapital definiert wird und in welcher Weise es sich äußert.

Weiterhin stellt sich in Zusammenhang mit der Theorie des Habitus und der Entstehung einer habituellen Struktur eine essenzielle Aussage dar. Dass Kapital (in Form von finanziellen Ressourcen, aber auch in Form von Wissen/Kompetenz/Macht etc.) generell notwendig ist, um sich in der Gesellschaft zurechtfinden und gegenüber anderen abgrenzen zu können, in gewisser Weise also sein eigenes Revier und Handlungsspielraum abstecken zu können, bestätigt sich auch deutlich in der Beobachtung unserer Gesellschaft und konnte deshalb direkt nachvollzogen werden.

Was wir abschließend hinzufügen möchten:
1) Keine Panik bekommen, falls die Ergebnisse anderer Gruppen von den eigenen Argumentationen abweichen: Unterschiedliche Beispiele verlangen ganz einfach jeweils andere Begründungen. Die zur Verfügung gestellten Texte bilden hier eine Grundlage und können als *Inventar* angesehen werden, das zur Verdeutlichung der eigenen Beispiele – die vielfach von uns gefordert wurden – ausgeschöpft werden kann.
2) Was ebenfalls hilfreich sein kann – leider haben wir es zu spät in Erwägung gezogen –, ist der Blick in ein Hand- bzw. Wörterbuch der Soziologie. Hier erhält man einen guten, meist verständlichen Überblick über zentrale Begriffe. Besonders dann, wenn eine Gruppe gar keinen Zugang zu einem Text findet.

7.5 Kommentare zu den Beobachtungen der StudentInnen

Bei den studentischen Arbeitsweisen fallen vor allem die Selbstbeobachtungen der zweiten Gruppe auf. Die Gruppe kann sich – spätestens als sie die Wahl hat, ihre Arbeitsweisen im Nachhinein zu beschreiben – darauf einigen, bestimmte Textstellen auszusuchen, die sie als besonders wichtig empfand. Hierbei ist nicht auszuschließen, dass die Gruppe ihre Arbeitsweisen nachträglich idealisiert; vielleicht wollten sich die Gruppenmitglieder voreinander keine Blöße geben, dass die Texte doch nicht so gut waren und es einige Schwierigkeiten mit ihnen gab. Gruppen überschätzen also vielleicht systematisch ihre Fähigkeiten, zumindest wenn sie – wie hier – Raum hatten, ihre Beobachtungen und Lesarten zu notieren. Aber da dazu keine weiteren Vorgaben gemacht wurden, wäre eine solche Idealisierung auch wieder als Leistung der Gruppe anzusehen. Wie konfliktreich der Aushandlungsprozess war, um ihre Beobachtungen zu den Texten aufzuschreiben, wer sich mit welcher Meinung durchgesetzt hat, wer mit welcher Meinung auf der Strecke blieb, dies sehen wir LeserInnen nicht. Aber: auch dies kann wieder positiv gedeutet werden, denn: man muss sich in der Gruppe durchsetzen, vielleicht Kompromisse eingehen, die das eigene Meinungsbild nicht ganz wiedergeben. Der Gewinn ist aber auch in einem solchen Fall, beim Konstituierungsprozess einer Gruppe dabei gewesen zu sein und zu sehen – oder auch direkt dazu beigetragen zu haben –, wie die Gruppe als solche eine argumentative Position ausbildet und auch durchsetzt. Auseinandersetzungen und auch Konflikte zwischen Gruppenmitgliedern sowie die Orientierung an einem gemeinsamen Ergebnisprodukt sind wichtige Lernebenen (die in dem Ergebnistext nur bedingt auftauchen). In solchen kollaborativen Lernprozessen zu lernen, sich *in* einer Gruppe und *mit* einer Gruppe durchzusetzen, kann vielleicht auch helfen, sich überhaupt in der Universität durchzusetzen.

7.6 Wie wird Bourdieu weiter verwendet?

In der Literatur wird das Konzept des kulturellen Kapitals als analytische Befreiung von polit-ökonomischen Denkmustern der 1970er Jahre erlebt, weil es eine eigenlogische Struktur von Bildung aufzeige (Engler/Krais 2004, 7-9). Des Weiteren wird das Habitus-Konzept als einer der wichtigen Erklärungsansätze bezeichnet, um auf der Individualebene „Entscheidungen" von Akteuren für bestimmte Bildungsleistungen nachzuzeichnen (Georg 2006, 7f.). Mit Bourdieu werden diese „Entscheidungen" nicht über das Bewusstsein, sondern über Habitualisierungen erklärt.

Insgesamt ist die Verwendung von Bourdieu in der deutschsprachigen Bildungssoziologie und Bildungsdiskussion mittlerweile breit, wie zuletzt jüngere Publikationen belegen (Engler/Krais 2004; Berger/Kahlert 2005; Georg 2006; für die erziehungswissenschaftliche Rezeption von Bourdieu vgl. Friebertshäuser u.a. 2006). Dabei wird in einigen Befunden die Reproduktion der Klassenstrukturen via Bildung differenziert, wie z.B. Vester u.a. (2001) und auch Raiser (2007) zeigen, die verschiedene Bildungsmilieus untersuchen.

7.7 Literatur

Literaturempfehlungen

Barlösius, Eva (2006): Pierre Bourdieu. Frankfurt a.M./New York. Campus.
Baumgart, Fransjörg (Hg.) (2004): Theorien der Sozialisation. Erläuterungen, Texte, Arbeitsaufgaben. 3. Auflage. Bad Heilbrunn/Obb.
Bourdieu, Pierre, u.a. (1997): Das Elend der Welt. Zeugnisse und Diagnosen alltäglichen Leidens an der Gesellschaft. Konstanz.

Bourdieu, Pierre (1993): Sozialer Sinn. Kritik der theoretischen Vernunft. Frankfurt a.M.
Bourdieu, Pierre (1987): Die feinen Unterschiede, Frankfurt a.M.
Krais, Beate/Gebauer, Gunter (2002): Habitus. Soziologische Themen; Einsichten. Bielefeld.
Raiser, Ulrich (2007): Erfolgreiche Migranten im deutschen Bildungssystem. Berlin.
Vester, Heinz-Günter (2010): Kompendium der Soziologie III: Neuere soziologische Theorien. Wiesbaden, 131-148.

Literaturverzeichnis

Berger, Peter A./Kahlert, Heike (Hg.) (2005): Institutionalisierte Ungleichheiten. Wie das Bildungswesen Chancen blockiert. Weinheim, München.
Bourdieu, Pierre (2004): Der Staatsadel. Konstanz.
Bourdieu, Pierre (1998): Praktische Vernunft. Zur Theorie des Handelns. Frankfurt a.M.
Bourdieu, Pierre (1992): Rede und Antwort, Frankfurt a.M.
Bourdieu, Pierre (1989): How Schools Help Reproduce the Social Order, in: Current Contents/Social and Behavioral Sciences 21, Nr. 8, S. 16.
Bourdieu, Pierre (1985): Sozialer Raum und Klassen. Lecon sur la lecon. Zwei Vorlesungen, Frankfurt a.M.
Bourdieu, Pierre/Passeron, Jean-Claude (2007): Die Erben. Studenten, Bildung und Kultur. Konstanz (1964 „Les héritiers. Les étudiants et la culture").
Bourdieu, Pierre/Wacquant, Loic (1996): Reflexive Anthropologie. Frankfurt a.M.
Bourdieu, Pierre/Passeron, Jean-Claude (1971): Die Illusion der Chancengleichheit. Untersuchungen zur Soziologie des Bildungswesens am Beispiel Frankreichs. Stuttgart.
Brüsemeister, Thomas (2008): Bildungssoziologie. Einführung in Perspektiven und Probleme. Wiesbaden.
Engler, Steffani/Krais, Beate (Hg.) (2004): Das kulturelle Kapital und die Macht der Klassenstrukturen. Sozialstrukturelle Verschiebungen und Wandlungsprozesse des Habitus. Weinheim, München.
Friebertshäuser, Barbara/Rieger-Ladich, Markus/Wigger, Lothar (Hg.) (2006): Reflexive Erziehungswissenschaft. Forschungsperspektiven im Anschluss an Pierre Bourdieu. Wiesbaden.
Fröhlich, Gerhard/Rehbein, Boike (2009): Bourdieu-Handbuch. Leben – Werk – Wirkung. Stuttgart.
Georg, Werner (Hg.) (2006): Soziale Ungleichheit im Bildungssystem. Eine empirisch-theoretische Bestandsaufnahme. Konstanz.
Hadjar, Andreas/Becker, Rolf (Hg.) (2006): Die Bildungsexpansion. Erwartete und unterwartete Folgen. Wiesbaden.
Janning, Frank (1991): Pierre Bourdieus Theorie der Praxis. Analyse und Kritik der konzeptionellen Grundlegung einer praxeologischen Soziologie. Opladen.
Lévi-Strauss, Claude (1993): Die elementaren Strukturen der Verwandtschaft. Frankfurt a.M.
Löw, Martina (2001): Raumsoziologie. Frankfurt a.M.

Paris, Rainer (1998): Stachel und Speer. Machtstudien. Frankfurt a.M.
Thiemann, Friedrich (1985): Schulszenen. Vom Herrschen und Leiden. Frankfurt a.M.
Uslucan, Haci Halil (2011): Dabei und doch nicht mittendrin. Die Integration türkeistämmiger Zuwanderer. Berlin.
Vester, Michael (2006): Die ständische Kanalisierung der Bildungschancen. Bildung und soziale Ungleichheit zwischen Boudon und Bourdieu. In: Georg, Werner (Hg.): Soziale Ungleichheit im Bildungssystem. Eine empirisch-theoretische Bestandsaufnahme. Konstanz, 13-54.
Vester, Michael/Oertzen, Peter von/Geiling, Heiko/Hermann, Thomas/Müller, Dagmar (2001): Soziale Milieus im gesellschaftlichen Strukturwandel. Zwischen Integration und Ausgrenzung. Frankfurt a.M.
Villa, Paula-Irene (1996): Spürbare Zugehörigkeiten. Klasse und Geschlecht als zweifache Positionierung des Leibes. In: Fischer, Ute Luise (Hg.): Kategorie: Geschlecht? Empirische Analysen und feministische Theorie. Opladen, 140-162.
Willis, Paul (1982): Spaß am Widerstand. Gegenkultur in der Arbeiterschule. 2. Auflage. Frankfurt a.M.

8 Zusammenfassung

In diesem abschließenden Kapitel werden die Theorien – und was man mit ihnen beobachten kann – nochmals kurz zusammengefasst. Dafür wird ein Methodenelement aus der qualitativen Forschung verwendet, das extra für die Beobachtung von Handlungen entwickelt wurde (Strauss/Corbin 1996, 132ff.; sie spezifizieren dies in ihrer sog. „Bedingungsmatrix"). Das Schema lässt sich auf alle Phänomene anwenden, die mit Handlungen zu tun haben, also auch auf Theorien, die Handlungen beschreiben und erklären möchten.

Mit der Bedingungsmatrix fragt man erstens: Was sind die Strategien, also für die Theorien gesehen: Was beobachtet eine jeweilige Theorie besonderes gut? Dann fragt man: Was ist die Bedingung dafür, dass die Theorie das so kann? Man tritt also einen Schritt zurück und fragt nach Grundbausteinen der Theorie. Zuletzt fragt man, was die Konsequenzen der Theorie sind. Für unseren Kontext interessiert besonders, wofür LeserInnen, die aus pädagogischen Kontexten stammen, die Theorie sensibilisiert. Da es mehrere Sensibilisierungen gibt, kann in diesem Punkt nur weniges herausgegriffen werden.

Kap. 2, Mead: Mikrologisches Handeln

Bedingungen:
Das Konzept der Aufmerksamkeit von Mead startet gleichsam unter einer Bedingung, d.h. die Theoriebrille hat – wie bei einer richtigen Brille – einen bestimmten Rahmen, in den dann die Brillengläser eingefügt werden, mit denen man etwas sehen oder beobachten kann. Dieser Rahmen ist bei Mead die Gestenkommunikation bzw. die Annahme, dass Menschen schon mit Gesten kommunizieren.

Strategien:
Was steht im Zentrum der Theoriebrille, was sieht man: Man sieht die Akteure *mikrologisch*. Beobachtet werden (teilweise kreative) Änderungen der Aufmerksamkeit, ein verändertes Denken von Ich und Welt. Durch ein Problem in einer Situation bringt der Akteur im Zuge des Wechsels seiner Aufmerksamkeit seine Selbst- und Welt-Deutungen in Bewegung.

8 Zusammenfassung

Konsequenzen:
Für den pädagogischen Kontext lassen sich Konsequenzen angeben: Man sollte auf mikrologische Situationen von Akteuren achten, in denen es Möglichkeiten und Defizite von Aufmerksamkeiten gibt. Unter dem Begriff der Perspektivenverschränkung lassen sich sogar gesellschaftliche Bereiche ausmachen, in denen diese Verschränkung defizitär ist. Dies kann schon bei kleinen Dingen anfangen, z.b. beim Autofahren nicht zu blinken oder wenn ein Schüler aus dem Fenster guckt.

Kap. 3, Goffman: Handeln in Interaktionsordnungen

Bedingungen: Die Theoriebrille von Goffman geht stets von wechselseitigen Beziehungen zwischen Akteuren aus; dies ist allen weiteren Beobachtungen unterlegt.

Goffman zeigt, wie Akteure sich mit ihren Strategien – vor allem symbolisch – verletzen könnten, und wie die Akteure dies vermeiden. Liest man die acht Territorien des Selbst, dann kommt einem der Akteur bei Goffman gleichsam wie eine „Diva" vor, die sozusagen acht Schutzmäntelchen oder Zwiebelhäute umhat, die alle verletzt werden können, die aber auch Strategien beinhalten, den Akteurstatus und das Ansehen des Akteurs bei anderen stabil zu halten.

Für pädagogische Kontexte wichtig sind *hochsensible Ansprüche der Individuen im Zusammenhang mit ihrer Territorialität*. Dies gilt gerade für die Schule, die die Akteure in normierende Räume unterbringen muss (aber auf dem Gebiet in letzter Zeit einiges unternommen hat, um Gruppenlernen und Nachmittagsbetreuung usw. zu ermöglichen).

Kap. 4, Schimank: Identitätsbehauptung:

Die Theoriebrille des Modells Identitätsbehauptung basiert auf der Möglichkeit (die man Akteuren unterstellt) der Selbstimplifikation: Der Akteur sucht sich Gesichtspunkte aus seiner Persönlichkeit aus und steigert sie (als Identität), was dann der inneren Selbstorientierung dient.

Die Theoriebrille lässt dann einzelne Strategien der Identitätsbehauptung beobachten. Dabei werden immer auch andere Akteure sichtbar, auf die sich der Handelnde bezieht oder gegen die er sich abgrenzt.

Eine mögliche Konsequenz für pädagogische Kontexte (aber auch für andere) ist die Sensibilisierung dafür, dass es überhaupt evaluative Selbstansprüche, normative Selbstansprüche und kognitive Selbsteinschätzungen in dieser Breite gibt. Wenn man diese drei Punkte so notiert, werden auch Eingriffsbereiche von Professionellen sichtbar – die es freilich nicht per se gibt, sondern zusammen mit den NutzerInnen von Bildungsangeboten.

Kap. 5, Garfinkel: Handeln in hergestellten Ordnungen

Die Theoriebrillen von Ethnomethodologie und Konversationsanalyse starten mit der Gewissheit, dass Interaktionen von Tiefenregeln angeleitet werden.

Die Strategie der Theorie ist es, wie bei einem Reißverschluss das Ineinandergreifen der Redebeiträge zu untersuchen, und wie diese dabei von Tieferegeln geleitet werden.

Eine Konsequenz wäre für pädagogische Kontexte, dass gewissermaßen unterhalb der intendierten Lernprogramme, die ja immer in irgendeiner Weise geordnet ablaufen sollen, bereits die alltägliche Kommunikation und Interaktion geregelt abläuft. Hätte man so viel Zeit wie die Wissenschaftler, die sich die Redebeiträge in Ruhe gleichsam von außen angucken können, dann könnte man untersuchen, ob und wie sich die intendierten pädagogischen Ordnungen mit den alltäglichen „Ablaufordnungen" verzahnen, oder wie gar die intendierten Programme (wenn sie funktionieren) in die alltägliche Handlungspraxis der Akteure eingebaut wird.

Kap. 6, Schimank: Homo Oeconomicus:

Der Homo Oeconomicus handelt unter der Bedingung des ständigen Drucks, wie er in der Moderne herrscht, die Rationalität seines Handelns herausstellen zu müssen.

In seinen Strategien trachtet der Akteur danach, die beste Wahl derjenigen Handlungsalternative zu treffen, die seine subjektiven Nutzenüberlegungen am besten erfüllen. Leider kommen ihm dabei ständig andere Akteure in die Quere, zu denen er Interdependenzen hat. Diese anderen kontrollieren einen Teil der Ressourcen, die er haben will. Deshalb muss er zusätzliche Strategien der Interdependenzbewältigung anbringen.

In der Konsequenz entsteht Gesellschaft – nicht aus normativen Gründen des Sollens, sondern weil jemand etwas will, aber an den anderen nicht vorbeikommt. Solche Kennzeichnungen lassen sich auch auf kollektive Phänomene wie die Schule anwenden. Im Einzelnen gesehen ist dieser kollektive Akteur von Ressourcen abhängig, hat aber auch (nach dem Modell Prinzipal-Agent) eine ziemliche Gestaltungsmacht, da der Staat die Schule nicht vollständig kontrolliert. Die Schule muss ihre Interdependenzen weitgehend allein bewältigen, was eine riesige Aufgabe insbesondere für Lehrkräfte ist.

Kap. 7, Bourdieu: Habituelles Handeln

Der Habitus funktioniert unter der Bedingung, dass sich Akteure Erfahrungen einverleiben und dabei den Vorgang selbst vergessen. Was man erworben hat, wird gleichsam zur zweiten Natur.

Den Akteuren ermöglicht dies die vollkommene Kenntnis des Spiels, kreatives und variables Handeln. Im Spiel erfindet der Akteur fortwährend etwas, da sich Situationen permanent verändern. Die Anpassung daran geschieht jenseits des diskursiven Denkens, nach der Art von Körpertechniken. Etwas ist wie eine zweite Haut geworden. Die Handlungsmuster bestätigen sich dabei, sooft sie angewendet werden.

Die Konsequenz des Habitus ist ein gewisses Beharrungsvermögen – was aber zu etwas befähigt, z.B. sich soziales Kapital anzueignen. Dies kann fehlendes kulturelles Kapital zum Teil ausgleichen. Die Schule könnte sich anders sehen, würde sie den Akteuren mehr dabei helfen, soziales Kapital zu organisieren. Teilweise sind Schulen bereits „Beziehungsanstalten", sprich sie verkörpern und organisieren soziale Beziehungen, was aber bewusster geschehen könnte.

Literatur

Strauss, Anselm/Corbin, Juliet (1996): Grounded Theory. Grundlagen Qualitativer Sozialforschung. Weinheim.

MIX
Papier aus verantwortungsvollen Quellen
Paper from responsible sources
FSC® C105338

If you have any concerns about our products,
you can contact us on
ProductSafety@springernature.com

In case Publisher is established outside the EU,
the EU authorized representative is:
**Springer Nature Customer Service Center GmbH
Europaplatz 3, 69115 Heidelberg, Germany**

Printed by Libri Plureos GmbH
in Hamburg, Germany